1978

22, 22

# LES
# FEMMES
## QUI FONT DES SCÈNES

CHEZ LES MÊMES ÉDITEURS

OUVRAGES

DE

## CHARLES MONSELET
**Format grand in-18**

| | | |
|---|---|---|
| L'ARGENT MAUDIT . . . . . . . . . . . . . | 1 | vol. |
| LES FEMMES QUI FONT DES SCÈNES. . . . . . . | 1 | — |
| LES FOLIES D'UN GRAND SEIGNEUR. . . . . . . | 1 | — |
| LA FRANC-MAÇONNERIE DES FEMMES. . . . . . . | 1 | — |
| LES GALANTERIES DU XVIII<sup>e</sup> SIÈCLE. . . . . . . | 1 | — |
| M. DE CUPIDON . . . . . . . . . . . . . | 1 | — |
| M. LE DUC S'AMUSE. . . . . . . . . . . . | 1 | — |
| LES ORIGINAUX DU SIÈCLE DERNIER. . . . . . | 1 | — |

CLICHY. — Imprimerie Maurice Loignon; et C<sup>ie</sup>, rue du Bac d'Asnières, 12.

# LES
# FEMMES
## QUI FONT DES SCÈNES

PAR

## CHARLES MONSELET

PARIS

MICHEL LÉVY FRÈRES, LIBRAIRES ÉDITEURS
RUE VIVIENNE, 2 BIS, ET BOULEVARD DES ITALIENS, 15
A LA LIBRAIRIE NOUVELLE

1865
Tous droits réservés

# PRÉFACE

Vous êtes marié, très-marié, mon cher;
Personne plus que moi ne vous en félicite.
Parmi les gens heureux en tous lieux on vous cite.
Voulez-vous rire un peu — des autres — par bel air?

Ma muse, grâce au ciel, est une des plus folles;
On ne la comprend guère au delà de Paris.
Vous lisez cependant les choses que j'écris;
C'est que vous demeurez tout juste à Batignolles.

Si je vous dédiais cet ouvrage sans fiel?
Pourquoi pas? — Mais alors silence à votre femme!
J'y raille doucement un sexe pour lequel
Je suis toujours tout prêt à vendre ma pauvre âme.

C'est l'œuvre d'un esprit qui, revenu du *Lac*,
Toujours trompé, se croit de plus en plus sagace;
Un obscur descendant du rayonnant Boccace;
Un séide à tous crins de Mahomet-Balzac.

# PRÉFACE.

Balzac est ce grand maître en malice émérite,
L'éclaireur sans pitié de ceux qu'on va dupant,
L'Astolphe qui ricane où Joconde s'irrite,
Le damné confesseur des filles du serpent.

C'est ce témoin narquois perché sur leurs faiblesses,
Comme un faune égrillard qui guette un couple amant,
Et qui, derrière un arbre, épiant leurs caresses,
Entre deux longs baisers jette — un éternuement !

J'ai peut-être trop lu les *Contes drôlatiques,*
Et les ai lus trop tôt, je dois en convenir.
La moquerie a pris mes instincts poétiques,
Et, me voyant ému, m'a dit : — Ça va finir ?...

Depuis, je vais riant des femmes que j'adore,
Sûr qu'on me le rend bien, qu'on me l'a bien rendu,
Et qu'on me le rendra plus d'une fois encore.
Donc, sauvons mon esprit, si mon cœur est perdu !

# LES
# FEMMES QUI FONT DES SCÈNES

Lecteur, — si tu as souffert par les femmes, et je te crois assez intelligent pour cela, tu retrouveras dans ces quelques lignes un écho de tes souffrances.

Lectrice, — si tu as été injuste, cruelle et stupide, ce qui t'est certainement arrivé plus d'une fois, tu rougiras au tableau de tes égarements.

Les femmes qui font des scènes sont nombreuses, et les scènes qu'elles font sont d'une variété infinie.

Je ne me suis attaché qu'aux scènes purement classiques, à celles qui se reproduisent chaque jour, dans les mêmes circonstances et avec les mêmes mots.

Il m'a suffi d'écouter et de noter.

J'ai donné souvent le beau rôle à l'homme, cela va sans dire; je l'ai placé dans son jour le plus avantageux; je l'ai éclairé de toutes les lueurs de l'innocence, — parce qu'il est temps de réagir contre le parti pris de madame George Sand.

## I

### La scène dans la rue.

LA FEMME. Qui est-ce que tu salues?

LE MARI. C'est un camarade de collége, avec sa femme.

LA FEMME. Tu l'appelles?

LE MARI. Bompart.

LA FEMME. Ce n'est pas vrai!

LE MARI. Je te jure...

LA FEMME. Si c'était vrai, tu m'aurais déjà parlé de lui.

LE MARI. J'ai six cents camarades de collége; je n'ai pas pu te parler d'eux tous.

LA FEMME. Et tu dis que c'est sa femme, ce petit chiffon qui est avec lui?

LE MARI. Sans doute. — Ne te retourne donc pas comme cela...

LA FEMME. Çà, une femme mariée, çà?

LE MARI. Le mariage luit pour tout le monde.

LA FEMME. Pourquoi essayer de me faire prendre le change, Alphonse?

LE MARI. Quel change?

LA FEMME. Cette femme n'est pas la femme de ton ami; cela saute aux yeux. C'est une de tes anciennes maîtresses.

LE MARI. Allons, bon!

LA FEMME. Ose soutenir le contraire : je t'ai vu changer de couleur en l'apercevant.

LE MARI. Par exemple!

LA FEMME. Je ne t'aurais pas cru capable, moi étant à ton bras, de saluer une n'importe qui.

LE MARI. Mais je t'affirme...

LA FEMME. Du reste, je ne t'en fais pas mon compliment : de gros yeux, de grands pieds, et quelle tournure! Un sac de pommes de terre!

LE MARI. Caroline...

LA FEMME. C'est une indignité! Laissez-moi; je veux rentrer seule.

LE MARI. Es-tu folle?

LA FEMME. Voyons, laissez-moi, vous dis-je. Qu'est-ce que cela vous fait que je m'en aille? Vous serez plus libre pour aller retrouver cette personne. Croyez-vous que je n'ai pas surpris le coup d'œil qu'elle vous a lancé? Me prenez-vous pour une aveugle ou pour une sotte? Il fait là un joli métier, votre ami.

LE MARI. Oh!

LA FEMME. Je ne sais qui me retient d'aller souffleter cette effrontée.

LE MARI. Tu l'étonnerais, pour le moins.

LA FEMME. Après un an de mariage, Alphonse, je n'attendais pas cela de toi!

LE MARI, perdant patience. — Mais quoi? mais quoi? mais quoi?

LA FEMME. Encore si tu avais un reproche à me faire! Mais y a-t-il un mot, un seul, à dire sur ma conduite?

LE MARI, faisant signe à un cocher de coupé. — Cocher, êtes-vous libre? (A sa femme) Monte là-dedans ou je t'assassine!

## II

### La scène de la lettre.

LA FEMME. Vous sortez, mon ami?

LE MARI. Oui, mon amie.

LA FEMME. Vous n'attendez pas le facteur?

LE MARI. Le facteur doit être passé maintenant.

LA FEMME. Comment le savez-vous?

LE MARI. Je le sais parce qu'il est midi et demi.

LA FEMME. Il n'avait rien pour moi?

LE MARI. Probablement, puisqu'on ne vous a rien remis.

LA FEMME. Ni... pour vous?

LE MARI. Pas davantage. A moins que la femme de chambre n'ait oublié... Voulez-vous que je la sonne?

LA FEMME. C'est inutile. N'obligez pas vos gens à mentir. Vous avez reçu une lettre.

LE MARI. — Parbleu! voilà la première nouvelle que j'en ai.

LA FEMME. Vous avez reçu une lettre, vous dis-je.

LE MARI. Ma chère amie, le temps me presse, et

je crains fort de ne plus trouver maître Panchost à son étude. Adieu, mon Adèle; à tantôt, mon trésor.

LA FEMME. Montrez-moi cette lettre.

LE MARI. Encore? Mais quelle lettre? Je n'ai pas de lettre.

LA FEMME. Je vous ai vu la serrer dans la poche de votre habit, là...

LE MARI. De ce côté?

LA FEMME. Oui.

LE MARI. Eh bien, vous avez mal vu, ma chère, voilà tout.

LA FEMME. Je ne vous demande pas à la lire; je ne veux que la voir.

LE MARI. L'un est aussi impossible que l'autre.

LA FEMME. Vous me refusez?

LE MARI. Tyranniquement.

LA FEMME. Dites-moi seulement d'où elle vient?

LE MARI. De votre cerveau, petite tête folle et aimée.

LA FEMME, fondant en larmes. Ah! que je suis malheureuse!

## III

### La scène de la brosse.

« Du temps que j'étais en garnison à Versailles, — me racontait mon ami Franolle, — j'avais une maîtresse préférée qui venait, de Paris, me voir tous les huit jours. C'était chaque fois de longues et chaudes scènes, d'autant plus singulières qu'elles ne portaient pas à faux, comme la plupart des scènes. Elle se posait en face de moi, les bras croisés, disant : « — Il est venu une brune pendant mon absence ! » ou bien : « — Il est venu deux blondes ! » Et elle devinait juste. Moi, j'étais confondu.

« A la fin, j'eus le mot de cette énigme par mon *ordonnance*, qui la surprit un jour occupée à éplucher minutieusement ma brosse à tête, pour y découvrir un de ces longs fils bruns ou blonds sur lesquels elle basait avec certitude ses accusations, — puisque je portais les cheveux ras. »

## IV

### La scène après minuit.

LUI, un peu gai; fredonnant. *Buena sera...* Docteur Barbe-à-l'eau... docteur Barque-à-l'eau! Bon soir, mignonne; pas encore couchée?

ELLE. Oui, vous êtes dans un bel état; regardez-vous, je vous y engage.

LUI. Me regarder, moi? Jamais! Je crains trop le sort de Narcisse.

ELLE. Et votre chapeau? Depuis quand est-ce qu'on se coiffe de cette manière?

LUI. Mon chapeau penche un peu, c'est vrai. Tout penche en ce monde. — Tu es belle!

ELLE. S'il est permis de rentrer à des heures semblables! Où vous êtes-vous fourré, je vous le demande? Votre redingote est toute blanche.

LUI. On démolit tant dans ce Paris! (Il s'assied.)

ELLE. Vous allez défoncer le divan. Vous feriez mieux d'aller vous coucher. Vous mettez de la boue par tout le tapis.

LUI. Joue-moi sur le piano un air de Cimarosa.

ELLE. Et vous vous dites artiste ! Est-ce avec de telles mœurs qu'on peut prétendre à ce titre élevé ?

LUI. Bah ! pour quelques flacons défaits en bataille rangée ! — Tout s'est fort aristocratiquement passé, je t'assure. D'ailleurs, tu vois, il me reste encore la légèreté dans la démarche, la souplesse dans les mouvements, la grâce dans le geste... (Il heurte un meuble.)

ELLE. Mais faites donc attention ; vous allez tout casser ici.

LUI. Ne veuillez voir en cela, ma belle, qu'un prétexte honnête pour renouveler votre mobilier. — Palsambleu ! la jolie phrase ! — Ah ! ma Thérèse, que je t'aime !

ELLE. Vous me faites horreur.

LUI. Je te fais horreur ?... *horresco referens...* Reviens de ce funeste sentiment.

ELLE. Je vous défends de m'approcher ! je vous considère comme un monstre !

LUI. Ne disons pas de mal des monstres :

> Il n'est point de serpent ni de monstre odieux
> Qui, par l'art imité, ne puisse plaire aux yeux.

J'ai pour moi l'opinion du législateur du Parnasse...
Les monstres sont fort bien portés aujourd'hui. —
Mais pourquoi te tiens-tu à une lieue de moi ? Viens
t'asseoir, mon idole, sur ce cuir américain.

ELLE. Vous allez partir, n'est-il pas vrai ?

LUI. Tu vas voir comme je vais partir. (Il commence à ôter ses bottines.)

ELLE. O mon Dieu ! que vous ai-je fait, pour que vous m'ayez jeté sous les pas de cet homme !

LUI. *Mignonne, allons voir si la rose...*

ELLE. Mais vous n'avez donc ni cœur ni dignité ? Le premier vagabond venu est au-dessus de vous par les sentiments. Entendez-vous ?

LUI. J'entends.

ELLE. Si vous n'étiez que méprisable, mais vous êtes ignoble ! On ne se dégrade pas à plaisir, comme vous faites. Vous sentez le vin !

LUI. Forcé de l'avouer.

ELLE. Quand donc m'enverrez-vous la mort ? ô mon Dieu !

LUI. Te reste-t-il encore de cet excellent thé de la caravane ?

ELLE. Ne me parlez pas ! Ne me parlez pas !

lui. D'abord, vous allez me faire le plaisir d'élever moins la voix. Ensuite, si vous exigez de moi une réponse à peu près sensée, écoutez. J'éprouve sans doute beaucoup de satisfaction à boire de bonnes choses, et en grande quantité, puisque, malgré les indispositions qui en sont le résultat, je recommence tous les jours. J'ai connu le vin avant de vous connaître. Il m'a consolé avant vous. Cessez donc de lutter contre une affection aussi ancienne, — et ne refusez pas de me préparer une tasse de thé, avec un nuage de lait, comme dans *le Caprice*, de Musset.

## V

### La scène du bouquet.

*A madame Cheneau, à Saint-Pierre-les-Hauteaux, par Auxerre (Yonne.)*

« Ma chère maman,

» Je suis aux cent coups de ne pouvoir pas t'envoyer tout de suite l'argent que tu me demandes par ta lettre du 28 de ce mois. Le blanchissage ne va pas, parce que le monde n'est pas encore revenu de la campagne. Madame Philippe, qui est pourtant une brave femme et le cœur sur la main, n'a pas pu m'avancer une semaine; elle m'a dit d'attendre à mercredi. Attendre avec une petite fille et ne faire que des demi-journées! Ça ne serait rien encore, si j'avais de la santé; mais les reins ont recommencé à me faire mal, et avec ça des étouffements qui me durent quelquefois toute la nuit.

» La petite devient bien gentille, excepté qu'il lui est venu des feux sur la figure depuis huit jours; mais le pharmacien m'a dit qu'il ne fallait pas s'en inquiéter, que cela passerait tout seul. Je crois que c'est la nourriture; Céline n'aura pas un bon estomac, elle aime mieux manger son pain sec qu'avec du hareng ou des radis noirs. Elle me dit d'envoyer des baisers à sa bonne grand'maman de Bourgogne, qu'elle ira voir au printemps prochain. Elle a bon cœur et ne se plaint jamais, quoique la pauvre enfant en ait souvent l'occasion. A la Saint-Charles, elle aura huit ans : c'est tout mignon, un corps blanc comme la neige. J'avais peur qu'elle ne fût nouée; mais, depuis sa dernière maladie, elle s'est bien développée; c'est une grande fille, à présent. Elle aura tes yeux, mais, pour le reste, son père tout craché ; et cette ressemblance me met souvent les larmes aux yeux, comme tu penses. Alors, je lui dis : « Céline, » va jouer en bas. »

» A propos de son père, j'ai eu une bien malheureuse idée le mois dernier. Tu sais que je ne peux pas m'habituer à l'abandon de cet homme qui m'a tant aimée et que j'ai vu pleurer si souvent à mes genoux. J'ai beau me faire une raison, c'est plus fort que moi. J'ai donc eu l'idée d'habiller la petite en bouquetière et de lui acheter des violettes ; je lui avais mis sur la tête le petit bonnet que tu lui as envoyé au premier de l'an, et c'était le coiffeur qui avait arrangé ses cheveux ; mais, depuis, je les ai fait couper, car elle en avait trop et ça la fatiguait. Enfin, elle était jolie à croquer, et tu aurais ri de voir ses petites coquetteries déjà.

» Nous sommes sorties toutes deux à trois heures, et nous avons été nous poster dans le faubourg Saint-Honoré. J'avais choisi un beau temps. Quand j'ai vu la porte cochère s'ouvrir, et lui tout seul dans sa voiture, j'ai dit vite à Céline de courir dans l'avenue Marigny et de lui présenter toutes ses violettes en disant : « C'est de la part de Louise ! »

» Elle savait bien sa leçon, la petite futée ! elle a fait arrêter la voiture ; il a pris son bouquet avec étonnement et lui a donné un louis. De loin, je le regardais ; j'avais la bouche dans mon mouchoir. En rentrant chez nous, j'ai dit à la petite : « Ce sera pour ta » bourse, ma chérie. »

» Ah bien, oui ! la misère !... Le surlendemain, il a fallu changer la pièce.

» Mais voilà le pire, ma chère maman. J'ai voulu recommencer onze jours après. Madame Philippe avait bien voulu, cette fois, me prêter une robe claire à sa fille, qui est de l'âge de la mienne. J'ai attendu une heure dans l'avenue. « Tiens ! le voilà ! » lui ai-je dit, pendant que mon cœur sautait et m'étouffait. Elle a couru comme l'autre fois ; elle criait, elle tendait ses fleurs ; mais le cocher l'avait reconnue, et il ne voulait pas arrêter. La petite y a mis de l'entêtement ; elle a cramponné ses pauvres doigts à la portière, elle s'est accrochée et a vidé ses fleurs dans la voiture. Je lui criais : « Reviens ! reviens ! » C'est peut-être ça qui lui a perdu la tête. En lâchant, elle est tombée sur le pavé et s'est fait au front une bosse grosse comme le poing. Elle n'a pas souffert sur le moment ;

mais il lui prend quelquefois des douleurs qui doivent venir de là. M. Herel, notre voisin, m'a recommandé de soigner ça, parce que, dit-il, il pourrait bien lui venir un dépôt.

» Tu le vois, nous ne sommes pas nées sous une bonne étoile, maman. Du reste, cette chère Céline n'a pas de rancune; et même, en portant la main à sa pauvre petite tête et en se plaignant, elle me parle de son papa, qu'elle trouve bien beau et bien habillé. Ah! si elle l'avait connu il y a six ans! il était bien plus beau encore. Quelquefois je me demande si je n'ai pas eu des torts envers lui, mais je ne trouve rien. Que Dieu lui pardonne!

» Mercredi, je ferai tout mon possible pour t'envoyer sept francs par la poste; tâche que cela te conduise jusqu'à la fin du mois. Voici l'hiver, où tout va doubler : il va falloir de la chandelle et du feu. Mes meubles sont restés rue des Barres-Saint-Paul, en garantie des deux derniers termes; je les retirerai en donnant des à-compte, à tant par mois. La petite couche par terre, ce qui n'est pas bon pour elle. Enfin, il ne faut pas se désespérer.

» Je ferme ma lettre en t'embrassant de tout mon

cœur, et Céline aussi, qui fait sa prière chaque soir pour sa grand'mère.

» Ta fille dévouée,

» Louise Cheneau.

» A présent, rue des Moineaux, 1 ; adresse tes lettres à M. Vidry, marchand de charbon, pour remettre à Madame Cheneau. »

# LA PREMIÈRE BONNE

## I

#### Prologue.

LE MARI. Décidément, il faut que nous prenions une bonne, ma chère amie.

LA FEMME. Crois-tu, Antonin?

LE MARI. Cela est indispensable; tu te fatigues trop, il n'y a pas de bon sens!

LA FEMME. J'apprécie le sentiment qui t'inspire, et je t'en remercie. La vérité est qu'il y a beaucoup à faire ici, sans que cela paraisse. Mais réfléchis bien, mon ami. Nous avons pu nous en passer jusqu'à présent; et l'économie...

LE MARI. Mon ministère m'a augmenté de 300 fr.; je ne puis mieux employer cette somme qu'à te procurer un peu de soulagement. Prenons une bonne.

LA FEMME. Eh bien, prenons une bonne.

## II

**Ouverture du concours.**

Le choix de la bonne — chose importante et grave! dura trois semaines environ.

On était difficile.

On voulait une bonne comme il n'en existe pas, comme il n'en existera jamais. La bonne chef-d'œuvre! La bonne idéale! La bonne phénomène!

On s'adressa d'abord à toutes les connaissances; les connaissances se récusèrent.

On eut alors l'idée d'en commander une en province, avec un mouvement neuf; solidité et moralité garanties.

On écrivit en Alsace, en Bourgogne, en Champagne, en Auvergne même.

Les fabricants demandèrent un temps et un argent considérables.

Il fallut recourir aux bureaux de placement.

Plus de cinquante bonnes défilèrent devant — la femme; — aucune ne lui convint, cela va sans dire.

C'est pourquoi, au bout de trois semaines, elle prit la première venue.

. . . . . Voyez, à la nuit tombante, ces deux jeunes filles qui sortent d'un misérable hôtel garni, et qui tiennent, chacune par une extrémité, une vieille malle recouverte d'un cuir déchiré et pelé. Elles traversent tout Paris en portant cette malle, s'arrêtant de temps en temps pour se reposer ou pour changer de bras.

C'est la bonne, accompagnée d'une de ses amies, qui se rend chez ses maîtres.

## III

### Allocution de la femme à la bonne.

— Ma fille, la maison n'est pas dure, mais il y a de quoi s'occuper. Je m'en vais vous dire en quoi consistera votre travail ; écoutez-moi bien, afin que je n'aie plus besoin d'y revenir. D'abord, j'entends que vous soyez levée tous les jours à six heures ; être matinale entretient la santé. Vous commencerez par faire la salle à manger, ensuite les chaussures. Monsieur salit beaucoup. Vous battrez ses habits sur le palier et vous nettoierez mes robes à la fenêtre. Nous déjeunons à neuf heures, parce qu'il faut que Monsieur soit à dix heures à son ministère; nous nous contentons des restes du dîner et d'un plat, soit d'œufs, soit de légumes. Après déjeuner, vous aurez à faire la chambre à coucher; vous n'épousseterez pas les étagères : il y a des choses très-susceptibles; ce soin me regarde. Vous aurez une demi-heure pour vous habiller ; je n'aime pas la coquetterie, mais je veux que l'on soit toujours propre. Votre tablier devra vous durer deux jours. Une fois habillée, vous vous occuperez du dîner. Je descendrai tout à l'heure avec vous, afin de vous faire connaître les fournisseurs. Nous sommes assez regardants, Monsieur et moi, pour la nourriture. Tous les jeudis, le pot-au-feu; tous les dimanches, le gigot de mouton ou une volaille. Il est rare que nous ayons du monde à dîner plus de deux ou trois fois par mois. Nous avons du vin en cave et du charbon. On nous monte l'eau et le pain. Vous voyez qu'il y a bien des petites douceurs. Par exemple, vous savonnerez et vous repasserez une fois par semaine ; vous frotterez tous les jours. Il faudra aussi que votre cuisine soit lavée chaque soir

avant de vous coucher ; ne remettez jamais la vaisselle
au lendemain, c'est un très-mauvais système. Quand
vous aurez un moment de loisir dans la journée, vous
aiguiserez les couteaux, vous entretiendrez les boutons
de porte, vous nettoierez les peignes. Je ne peux pas
souffrir qu'une bonne reste sans rien faire, la bouche
ouverte comme b, a, ba. Le soir, vous raccommoderez
le linge. Vous aurez un jour de sortie par mois. Je
n'ai pas besoin de vous recommander la modestie au
dehors ; si j'apprenais que vous ayez mis le pied dans
un bal public, je vous renverrais sur-le-champ. Je
n'aime pas votre nom de Joséphine ; vous vous ap-
pellerez Marie. Toutes les bonnes s'appellent Marie.
Évitez de vous lier avec les autres domestiques de la
maison ; ne vous familiarisez pas avec le concierge,
et n'entrez dans sa loge que le moins possible. Ah!
j'oubliais ! vous vous coucherez sans chandelle, de
peur des incendies. C'est tout. — Je crois que vous
vous plairez beaucoup ici, ma fille.

## IV

**Description de la bonne. — Plan, coupe et élévation.**

Une belle bonne! — Et comme taillée dans un chêne de Picardie! Cinq pieds trois pouces! Rouge comme un brugnon! Fraîche comme marée! Des cheveux pommadés avec du beurre! — Des *estomacs* à faire loucher saint Antoine! Des bras continuellement troussés jusqu'à l'aisselle, invitation à la lessive! Les mains d'Hyacinthe! Le pied de Charlemagne! Pesante en sa marche comme un régiment! Aimant désordonnément les rubans rouges! Sensible aux galanteries des garçons bouchers! Une de ces créatures que les libertins dégagés de tous préjugés ne craignent pas d'appeler *une femme sérieuse!*

Signes particuliers : Couchant avec ses bas et n'ayant jamais de rêves.

## V

### Exposition. — A table.

LE MARI. Tiens! ce n'est pas mauvais, ce petit fricot-là!

LA FEMME. Tu n'es pas difficile. Quand c'était moi qui faisais la cuisine, tu ne trouvais rien de bon. (Moment de silence.)

LE MARI, complaisamment. Il y a un peu trop d'ail.

LA FEMME. Ah! je le savais bien! — Marie!

LA BONNE. Vous m'avez appelée, madame?

LA FEMME. D'abord, je vous ai recommandé de dire : Madame m'a appelée?

LA BONNE. Madame m'a appelée, madame?

LA FEMME. A quoi pensez-vous donc, ma fille? Votre ragoût empeste l'ail! Monsieur ne peut pas le manger.

LE MARI. Je ne dis pas cela; seulement...

LA FEMME. Ce n'est que dans les gargottes que l'on fourre de l'ail à tout propos.

LA BONNE. Je n'en mettrai plus, madame.

LA FEMME. Je ne vous dis pas de ne plus en mettre; vous allez d'un extrême à un autre; je vous dis d'en mettre moins.

LA BONNE. Oui, madame.

LA FEMME. Enlevez cela!

LE MARI, essayant de protester. Mais, je n'ai pas fini...

LA FEMME. Enlevez cela, et apportez le rôti. (La bonne sort.) Où as-tu donc la tête? Est-ce que je n'ai pas vu le moment où tu allais me contredire devant cette fille?

LE MARI. Puisqu'elle a promis de ne plus mettre autant d'ail!

LA FEMME. Ah bien! si tu te mets sur le pied de donner raison à ta domestique, tu auras fort à faire; je ne te dis que ça.

LE MARI. Mangeons.

(Le rôti passe, sans soulever d'observation de part ni d'autre. Vient le dessert, puis le café.)

LA FEMME, à la bonne. Vous pouvez dîner à présent, Marie. Apportez-moi le pain, que je vous en coupe un morceau.

LA BONNE. Voilà, madame.

LA FEMME. Donnez-moi votre verre, que je vous verse du vin.

LA BONNE. Oui, madame. (La bonne sort).

LE MARI, à la femme. Oh!... Tu n'as pas honte de lui mesurer ainsi son boire et son manger?

LA FEMME. Cela se fait partout. Ah çà! d'où sors-tu donc?

LE MARI. C'est vrai; cela ne me regarde pas, et je n'y entends rien. (Il se frotte les mains.) Ma foi! je suis enchanté d'avoir pris une bonne!

## VI

**Deuxième journée. — Retour du bureau.**

LE MARI. Bonjour, Lucie; bonjour, ma petite femme. Ouf! quelle journée! Cette circulaire nous a donné un mal... Figure-toi que Laffitot étant malade, toute sa besogne m'est retombée sur le dos. Je suis harrassé, je n'y vois plus.

LA FEMME. Tu ne sais pas... la bonne...

LE MARI. Laisse-moi m'asseoir.

LA FEMME. Elle a cassé une tasse.

LE MARI. Diable!

LA FEMME. Comme c'est amusant! Mais je la lui retiendrai sur son mois.

LE MARI. Oh! pour une tasse... Cette fille ne l'a pas fait exprès.

LA FEMME. Tant pis! cela lui apprendra à faire plus d'attention une autre fois.

LE MARI. Tu serais bien aimable de me donner mes pantoufles. Excuse-moi, chère belle; mais en vérité, je ne me tiens pas.

LA FEMME, appelant. Marie! Donnez les pantoufles à Monsieur.

LE MARI. Bah! ce n'est pas la peine... Elles sont sous le lit, je les vois d'ici. (Il va les chercher.)

LA FEMME. Alors, à quoi sert d'avoir une bonne?

LE MARI. Approche-toi, et apprends une grande nouvelle. Il est question de moi au ministère comme sous-chef. — Ah! — Je ne voulais pas le croire; mais le secrétaire général m'a fait demander deux fois aujourd'hui dans son cabinet. Deux fois! Il m'a beaucoup questionné, sans en avoir l'air. Il paraît que Rollin doit bientôt prendre sa retraite, car...

LA FEMME. Et ce lit! comme c'est fait en dépit du bon sens!... Ah! la pauvre fille a fort à apprendre!

## VII

**Intermède.**

LE MARI, à la femme. Que tu es gentille, ce soir! Cette coiffe de nuit te donne un petit air lutin auquel on ne saurait résister.

LA FEMME. N'as-tu pas remarqué comme notre sucre va vite?

LE MARI. Non. Je trouve à ton regard un éclat nouveau, un... Est-ce donc maintenant la mode de saupoudrer ses yeux avec de la poudre de diamant?

LA FEMME. Autrefois, une livre nous faisait trois jours.

LE MARI. Embrasse-moi.

LA FEMME. Laisse donc, tu es impatientant! On ne peut pas causer raison avec toi une minute.

LE MARI. Il y a temps pour tout, Lucie. L'heure du couvre-feu est sonnée; tout dort dans la nature; seul, mon amour...

LA FEMME. Quel homme, mon Dieu! quel caractère! Après cela, si cela t'amuse d'être volé!

LE MARI, éteignant la lampe. Il y a de la poésie dans l'air, ce soir...

LA FEMME. Demain, je compterai les morceaux.

## VIII

#### Formation du drame.

LE MARI, accrochant à la fenêtre un petit miroir pour se faire la barbe. Marie, mon eau chaude!

LA BONNE. La voilà, monsieur.

LE MARI. Merci. (La bonne sort.)

LA FEMME. Tu la regardes beaucoup, ta bonne.

LE MARI, laissant tomber son rasoir. Hein!

LA FEMME. Elle est belle fille.

LE MARI, haussant les épaules. Autre chose, à présent!

LA FEMME. Et il y a des hommes si peu délicats!

LE MARI. O mon Dieu!

LA FEMME. Des gens que le torchon ne rebute pas...

LE MARI, continuant de se raser. Va toujours.

LA FEMME. Antonin, n'essaie pas de jouer la comédie avec moi; tu sais que cela ne mord pas. Veux-tu que je te prouve que je sais tout?

LE MARI. Ah oui! par exemple. — Mais prends garde de me faire couper.

LA FEMME. Eh bien, le fruitier t'a vu causer hier matin avec ta bonne, dans la rue.

LE MARI. Ah bah!

LA FEMME. Le nieras-tu?

LE MARI. Je m'en garderai bien. Le fruitier est un voyant.

LA FEMME. Ainsi, tu as causé avec Marie?

LE MARI. Je n'ai pas causé avec elle, je lui ai parlé; c'est bien différent.

LA FEMME. Dans la rue?

LE MARI. Dans la rue. Je lui ai dit de m'acheter un autre blaireau pour ma barbe; tous les poils du mien s'en vont. Vois plutôt.

## IX

#### Crise suprême.

Dans l'alcôve. Trois heures du matin. Le mari ronfle.

LA FEMME, éclatant tout à coup en sanglots. — Oh! oh! oh!

LE MARI, réveillé en sursaut. Lucie, qu'as-tu? Ma bonne amie, que t'arrive-t-il? Est-ce que tu te trouves mal?

LA FEMME. J'en étais sûre!

LE MARI. Sûre de quoi! Attends, je me lève. Où sont les allumettes? C'est une attaque de nerfs, probablement.

LA FEMME. Ne me touchez pas! ne me touchez pas!

LE MARI. Eh bien, non; mais qu'est-ce que tu éprouves, ma chère femme? réponds-moi, c'est Antonin, c'est ton mari...

LA FEMME. Devais-je m'attendre à cette indignité!

LE MARI. A quelle indignité? Tu as un peu de délire... Je vais te faire du tilleul, veux-tu? Cela ne sera rien.

LA FEMME. Monstre!

LE MARI. Qui est-ce que tu traites de monstre?

LA FEMME. Tu oses le demander?

LE MARI. Certainement.

LA FEMME. Tout à l'heure, pendant que tu rêvais, ne t'ai-je pas entendu prononcer le nom de ta bonne : Marie?

LE MARI. Ah! (Il regarde fixement sa femme; puis, à

peine vêtu d'un caleçon, il se précipite hors de la chambre à coucher, un bougeoir à la main.)

## X

### Dénoûment.

LE MARI, entrant comme une bombe dans le cabinet de la bonne. Ma fille, levez-vous sur-le-champ! m'entendez-vous?

LA BONNE, se dressant sur son séant. Quoi qu'il y a? Est-ce le feu ou les voleurs?

LE MARI. Levez-vous tout de suite et allez-vous-en!

LA BONNE. Que je me lève! à cette heure-ci! Bien sûr, vous êtes malade, notre maître...

LE MARI. Voilà vingt francs, voilà trente francs, voilà cinquante francs. Faites votre malle et partez. Ne perdez pas une minute. Vous êtes la plus brave fille du monde, un trésor pour la cuisine. Mais que voulez-vous? ma femme s'est imaginé... Ce n'est pas ma faute. Je vous trouve affreuse, moi; je n'y vais pas par quatre chemins. Mais elle a cela dans l'idée. Allez-vous-en, je vous prie. Vous ne voudriez pa être la cause d'un malheur. Attendre à demain ! Ah bien ! je préfère vous aller chercher une voiture. Voyons, ma fille, soyez raisonnable...

LA BONNE. Voilà, monsieur, je me lève. C'est bien extraordinaire tout de même.

LE MARI. Oui, oh ! oui. Mettez-vous à ma place, j'ai besoin de mon repos. Passez votre jupe, je tourne le dos. Tous les jours, l'enfer ! Il vaut mieux que vous vous en alliez. Ma femme est ridicule, injuste, je le sais bien, mais c'est ma femme...

LA BONNE. Ah ! c'est qu'il ne faudrait pas qu'elle s'avisât de dire quelque chose sur mon compte ! Elle trouverait à qui parler, oui-dà !

LE MARI. Là, maintenant, vos bottines. Quand vous passeriez quelques œillets... Dépêchez-vous ! Je vais dire au portier qu'il vous ouvre. Allez !...

LA FEMME, accourant. Elle ne s'en ira pas avant que j'aie visité sa malle !

# IL Y AURA
# DES FEMMES CHARMANTES

## I

*A Monsieur Marc Ducerneau, à Paris.*

» Mon cher Marc,

» Paul a perdu son pari avant-hier soir. Je l'avais bien dit : c'était absurde ! A peine avait-il fait soixante pas dans l'avenue des Champs-Élysées, les yeux bandés, qu'il est allé donner du pied contre le trottoir. Nous étions quinze à le suivre. Les sergents de ville, indifférents, avaient l'air de dire : « Nous la connaissons ! »

» C'est jeudi prochain que Paul s'exécute, et nous invite à manger les cinquante louis en question à la *Maison Dorée*. On compte sur toi. Ne va pas inventer des prétextes d'affaires ou de moralité pour manquer à ce rendez-vous solennel. A notre âge, le plaisir est la seule chose sérieuse; *consacrons-lui nos jours!* (Bis.)

» Donc, à jeudi, rendez-vous au Cercle, à sept heures, militairement. — *All right!*

» Ton vieux complice,

» ONÉSIME HÉBERT.

» P. S. *Il y aura des femmes charmantes.* »

## II

#### Coup de foudre.

C'était la première fois que madame Ducerneau osait se permettre de décacheter une lettre adressée à son mari. Mais elle avait été tourmentée, la veille, par des pressentiments; elle avait rêvé « d'eau trouble, de chat et d'oculiste, » ce qui, selon les livres sybillins, correspond à une série d'événements funestes. Alors, elle s'était portée à cet acte inouï d'audace conjugale. Il faut avouer qu'elle n'avait pas de chance.

Je manque de la science dramatique nécessaire pour rendre la douleur et l'indignation de madame Ducerneau... Que devait-elle faire?

Elle pensa d'abord, et tout naturellement : 1° à anéantir cette impudente invitation.

Mauvais !

2° A la mettre soudainement sous les yeux de M. Ducerneau, en enfermant toute sa colère dans le « Qu'en dis-tu ? » de *Manlius*

Mauvais ! mauvais !

Après avoir hésité entre plusieurs partis, madame Ducerneau se décida à recacheter cette lettre, à la replacer parmi les autres, — et à *voir venir* son mari.

### III

#### Partie poétique — En déjeunant

MADAME.

As-tu lu ton courrier, ce matin, mon ami ?

MONSIEUR.

Certainement. Pourquoi ?

MADAME, dissimulant.

Goûte donc ce salmi.

MONSIEUR.

Ah ! tu me fais songer qu'Eugène, en sa dernière,
De tous ses compliments me charge pour ta mère.

MADAME.

Eugène?

MONSIEUR.

Oui.

MADAME, avec intention.

C'est bien Eugène?... c'est le nom?...

MONSIEUR.

C'est Eugène, te dis-je; es-tu malade?

MADAME.

Non.

MONSIEUR.

Il va tout à fait mieux ; et de son mariage
L'affaire est terminée à son grand avantage.

MADAME, amèrement.

Une affaire !

MONSIEUR.

La noce a lieu le mois prochain.
Ainsi, prépare-toi, Mathilde, dès demain;
Car les fêtes seront sans doute éblouissantes.

MADAME, l'observant.

Surtout, *il y aura...*

MONSIEUR.

Quoi?

MADAME.

*Des femmes charmantes !*

MONSIEUR, avec tranquillité.

Certes ! C'est pour le quinze, et nous en approchons.

MADAME, à part.

J'étouffe !

MONSIEUR.

Fais-moi donc passer les cornichons.

## IV.

**Le grand jour. — Ce que l'on appelle la scène filée**

MADAME. Tu sors, mon ami ?

MONSIEUR. Comme d'habitude, mon amie.

MADAME. Et tu vas...

MONSIEUR. Au cercle, tout bonifacement. (Il boutonne ses gants.)

MADAME. Au cercle ?

MONSIEUR. Adieu, chère belle.

MADAME. Au moins, rentreras-tu de bonne heure ?

MONSIEUR. A l'heure accoutumée, aux environs de minuit.

MADAME. Pas avant ?

monsieur. Avant, peut-être. Adieu.

madame. Écoute, Marc.

monsieur. Quoi?

madame. Sacrifie-moi cette soirée.

monsieur. Quel caprice!

madame. Un caprice, tu l'as dit. Reste avec moi.

monsieur. Si je reste, qu'est-ce que nous ferons?

madame. Eh bien, nous causerons au coin du feu; nous parlerons du passé, de ce passé où tu m'aimais tant.

monsieur. C'est cela, nous aurons l'air de jouer de l'Octave Feuillet.

madame. Le grand mal!

monsieur. Ce n'est p un crime, je le sais bien. Mais j'ai besoin d'aller à mon cercle; c'est là que je fais toutes mes affaires, tu ne l'ignores pas.

madame. Hélas!

monsieur. Allons, sois gentille; je ne tarderai pas à revenir, je te le promets.

madame. Tu es bien pressé.

monsieur. Le besoin d'air, de mouvement...

madame, comme si quelque chose se brisait dans son cœur. Marc!

monsieur. Quoi encore?

MADAME. Attends une minute.

MONSIEUR. Eh bien ?

MADAME. Tu es habillé avec un soin tout particulier.

MONSIEUR. Pas plus que les autres jours.

MADAME. Mais si : je te trouve plus de recherche, plus de...

MONSIEUR, avec complaisance. Cette nuance de pantalon est assez heureuse, en effet.

MADAME. Ta cravate a quelque chose de dérangé. Approche.

MONSIEUR. Me voici.

MADAME, le serrant violemment au cou, avec explosion. **IL Y AURA DES FEMMES CHARMANTES!!!**

## V

### Suite de la scène filée.

MONSIEUR. Aïe ! aïe !... au secours !... à moi ! Ouf !

MADAME. Fourbe ! hypocrite ! lâche ! traître ! misérable ! effronté ! parjure ! infâme ! monstre ! scélérat ! libertin ! infidèle ! perfide ! menteur ! trompeur ! coureur ! débauché !... Ah ! que je suis malheureuse !
(Elle tombe sur un canapé en sanglotant.)

MONSIEUR, se remettant. Quelle poigne !

MADAME. Mon Dieu ! mon Dieu ! mon Dieu !

MONSIEUR, sévère. Me ferez-vous l'honneur de de m'apprendre le motif d'une agression d'un goût si contestable ?

MADAME. O duplicité !

MONSIEUR, impatienté. Duplicité ou non, le motif, madame ?

MADAME, se redressant. Mais n'avez-vous donc pas assez entendu ? IL Y AURA DES.....

MONSIEUR, se frappant le front. La lettre d'Onésime !

MADAME. Oui, de votre digne complice !

MONSIEUR, avec un admirable sang-froid. C'était donc pour aujourd'hui ? Je l'avais absolument oublié.

MADAME. Pas de feinte, monsieur ! Ayez au moins le courage de votre ignominie.

MONSIEUR. Je n'aurai le courage de rien du tout. Comment ! c'est pour cela que tu te livres sur moi à des tentatives d'homicide par strangulation ?

MADAME. Nieras-tu qu'on t'ait écrit ?

MONSIEUR. Non, certes. Je ne peux pas empêcher les imbéciles de m'écrire. Mais je nierai que j'aie répondu.

MADAME. Il t'attend cependant ce soir.

MONSIEUR. Qui?

MADAME. Cet Onésime.

MONSIEUR. Qu'il attende, parbleu!

MADAME. Voudrais-tu me faire croire, par hasard, que tu n'allais pas à ce rendez-vous?

MONSIEUR. Le ciel m'écrase si j'en avais la moindre intention!

MADAME, indécise. Marc! Marc!

MONSIEUR. Je te le jure... et la preuve.... (Il déboutonne ses gants.)

MADAME, avec élan. Tu restes?

MONSIEUR. Sans effort.

MADAME. Merci, oh! merci!

MONSIEUR. Octave Feuillet soit avec nous! (Ils s'embrassent tendrement.)

## VI

### L'auteur a des remords

Eh bien, non, non!
Cela ne passera pas ainsi!
Laissez-moi! laissez-moi!
Je veux parler!

Je parlerai, au risque de détruire tout l'intérêt que j'ai pu répandre sur ce petit drame intime !

Je dévoilerai ce mari, capable d'avoir surpris la sympathie de quelques âmes candides !

Le repas en question avait eu lieu la veille.

Il avait été avancé d'un jour, sur la demande d'un des convives forcé de quitter Paris.

M. Marc Ducerneau s'y était montré d'une gaieté folle : il avait dansé un pas de caractère sur la table, aux applaudissements de mademoiselle Trompette et de mademoiselle Brindisi, — deux femmes charmantes.....

# LA GRUE

## I.

### Amène une de tes amies

ALPHONSE, à Jeanne. Amène une de tes amies, dimanche prochain.

JEANNE. Pourquoi?

ALPHONSE. Parce que Cathala viendra passer la journée avec nous. Il m'a écrit pour m'annoncer son arrivée à Paris après-demain. Le pauvre garçon s'ennuie à crever dans son tribunal de province; c'est une fête lorsqu'il peut s'échapper pendant deux ou trois jours. Amène une de tes amies.

JEANNE. Mais laquelle? Tu sais que je ne vois pas beaucoup de femmes.

ALPHONSE. Une bonne enfant. Cathala n'est pas si

exigeant, parbleu ! Nous irons dîner à quatre à la campagne. Tu aimes cela. Nous mangerons des petits plats, nous ferons des bouquets. Cathala est un bon. Nous nous amuserons.

JEANNE, réfléchissant. Si j'amenais Hermance?...

ALPHONSE. Qu'est-ce que c'est qu'Hermance?

JEANNE. Oh! tu ne la connais pas. Une belle fille, élancée, avec des cheveux couleur de paille, mais très-bien. Elle n'a pas une toilette à tout casser, mais ce qu'elle a sur elle est toujours soigné.

ALPHONSE. Eh bien, amène Hermance.

## II

### Où la grue se pose.

ALPHONSE, à Cathala. Encore un cigare, mon cher Cathala?

CATHALA. Merci, plus tard... Ecoute! je crois qu'on monte l'escalier; ce sont sans doute ces dames.

ALPHONSE. Eh non! le rendez-vous est pour deux heures, et il est à peine une heure et demie.

CATHALA, consultant sa montre. Une heure quarante s'il te plaît.

alphonse. Quelle impatience ! Sais-tu que tu es redevenu junévile en diable ?

cathala. Que veux-tu ? J'ai eu le temps de me refaire des illusions à Agen. J'ai soif des Parisiennes, telles que nous les représentent vos livres et vos dessins. Quels démons de grâce et d'esprit, hein ! dis, dis ?

alphonse. Oui, il y en a.

cathala. Oh ! toi, tu les coudoies trop chaque jour pour les admirer avec sincérité, comme nous autres provinciaux.... Ah ! pour le coup, je ne me trompe pas, il y a de la soie dans l'escalier....

Entrent Jeanne et Hermance. Hermance est plus grande qu'on l'a annoncé, plus blonde aussi. Ses cheveux sont ébouriffés sous un chapeau élevé. Elle porte une robe dite *Princesse,* haute de taille, étroite de ventre et traînante par derrière. Sur un de ses bras, elle tient un petit brimborion de chien havanais, dont on n'aperçoit ni les yeux, ni la tête, ni les pattes, ni la queue.

jeanne. Monsieur Cathala, comment allez-vous ?.... Bon Dieu, comme vous engraissez ! Je ne vous aurais pas reconnu !.. Mon petit Alphonse, embrasse-moi là, au-dessus de l'œil, ni trop haut, ni trop bas, à cause de la poudre de riz... Je t'ai réservé un petit rond.

cathala. Ces Parisiennes !

JEANNE. Messieurs, permettez-moi de vous présenter ma chère Hermance, une de mes meilleures amies, que j'ai pris la liberté d'amener.

CATHALA. Une telle liberté équivaut à une bonne fortune pour nous.

HERMANCE. Ça n'était donc pas convenu?

JEANNE, bas à Hermance. Tais-toi donc?

ALPHONSE, bas à Jeanne. Pourquoi a-t-elle apporté un chien?

JEANNE. Ah! demande-le-lui.

ALPHONSE, bas à Cathala. Comment la trouves-tu?

CATHALA. O mon ami! adorable! idéale! que je te suis reconnaissant!

JEANNE, bas à Hermance. Comment le trouves-tu?

HERMANCE. Ça m'est égal. (Le chien se manifeste par quelques grognements.) Mirza, voulez-vous rester tranquille? Qu'est-ce que nous n'avons donc, la belle fifille à sa mémère?

CATHALA. Votre petite chienne s'appelle Mirza, madame? C'est un bien joli nom, un nom turc.

HERMANCE. Non, monsieur; elle me vient d'une dame de la rue de Chabrol.

ALPHONSE. Eh bien, mesdames, si nous nous consultions pour choisir l'endroit où nous irons dîner?

JEANNE. Ah! oui!

CATHALA. Oh! allons à Asnières! à Asnières! N'est-ce pas, mesdames, qu'il n'y a qu'Asnières?

ALPHONSE. On ne va pas à Asnières le dimanche.

JEANNE. Il y a trop de monde, et c'est trop près.

HERMANCE. Et puis, Georges n'aurait qu'à y être!

(Jeanne tousse pour étouffer cette remarque.)

CATHALA. Je propose alors Bougival.

ALPHONSE. En France? C'est bien encombré. Moi, je vote pour Meudon, ou le bois de Fleury.

HERMANCE. Ah! non.

TOUS. Pourquoi?

HERMANCE. Emile est au fort. (Ce mot jette un froid, comme dirait Giboyer. On se regarde.)

ALPHONSE. Cela devient embarrassant. (Bas à Jeanne.) Elle a peut-être des connaissances jusque dans les arbres de Robinson!

JEANNE. J'ai une idée. Allons à Sérizy-lès-Voyou.

CATHALA. Où est cela?

JEANNE. C'est sur le chemin de fer de Lyon.

HERMANCE. Oh! les chemins de fer! j'en ai une peur... Je n'ai de confiance que dans celui de Saint-

Germain, parce qu'un de mes frères y est employé.

CATHALA. Va pour Saint-Germain ! Saint-Germain-en-Laye, sa forêt, sa terrasse, ses fritures ! Partons avec enthousiasme.

ALPHONSE. Laissons-nous le chien ? La portière en aura le plus grand soin.

HERMANCE. Laisser Mirza ! jamais de la vie ! Entends-tu, Mirza ? Ils veulent t'abandonner, les vilains ! Embrasse vite ta maîtresse ; encore, encore...

CATHALA. Mais elle est tout à fait mignonne, cette petite bête ; elle nous amusera infiniment. Partons.

## III

#### Vol de la grue

*En forêt. Jeanne et Alphonse marchent en avant ; Hermance et Cathala les suivent à quelque distance.*

CATHALA. Lisez-vous beaucoup, mademoiselle ?

HERMANCE. Oh oui ! j'achète le *Pour tous* toutes les semaines. C'est-à-dire que je préfèrerais me passer de je ne sais quoi plutôt que de me passer de mon *Pour tous*.

CATHALA. Hermance, c'est un nom bien charmant! il donne tout de suite envie d'aimer la personne qui le porte!

HERMANCE. Oh! ce n'est pas mon nom... je m'appelle Imilie.

CATHALA. Emilie?

HERMANCE. Non, Imilie.

CATHALA. Eh bien, ma chère Imilie... Décidément j'aime mieux vous appeler Hermance.

HERMANCE. Allez-y. Vous êtes comme Jules, vous.

CATHALA. Qu'est-ce que c'est que Jules?

HERMANCE. Un grand toqué, qui ne sait pas dire un mot de sérieux. Il est dans les contributions.

CATHALA. Hermance, laissez-moi vous aimer. (Il cherche à lui prendre la main.)

HERMANCE. Vous allez vous faire mordre par Mirza.

CATHALA. Si nous déposions le chien à terre? Cela lui ferait peut-être du bien de marcher...

HERMANCE. Oh! non, il salirait ses pattes, ses belles petites pattes blanches. Voyez donc!

CATHALA. Laissez-moi vous aimer, Hermance.

HERMANCE. Qu'est-ce que je traîne derrière moi? Je parie que c'est encore une branche morte qui s'est accrochée à ma robe.

CATHALA. Attendez, je vais vous en débarrasser. Oh! le joli pied!

HERMANCE. Il me fait bien souffrir, allez. J'ai un cor que j'ai oublié de tailler avant de sortir.

CATHALA, réprimant une grimace. Pauvre chérie! Mais vous ne répondez point à ce que je vous dis?

HERMANCE. Vous ne me dites que des bêtises.

CATHALA. Des bêtises! N'avez-vous donc jamais aimé, Hermance?

HERMANCE. Si... mais il m'en a cuit.

CATHALA. Ah! (A part.) Il y a, dans la langue française, des métaphores ignobles.

HERMANCE, après un moment de silence. Quel métier faites-vous, vous?

CATHALA. Un métier assez mélancolique : je suis substitut en province.

HERMANCE. Substitut?... Et qu'est-ce que vous vendez?

CATHALA, stupéfait. Ce que je... (Riant.) Ah! bon, c'est une farce... je comprends... oui, oui. Je vends des épices.

HERMANCE. Gagnez-vous beaucoup?

CATHALA, s'arrêtant, et la regardant en face. Merci...

cela dépend. (A part.) Elle a de l'originalité, au moins.

HERMANCE. Mais avancez donc; vous restez là planté comme le terme. Je ne vois déjà plus nos amis, nous finirons par les perdre.

CATHALA. A se perdre on se retrouve, dit un proverbe. Pourquoi ne nous perdrions-nous pas un peu tous les deux?

HERMANCE. Oh! vous êtes énervant!

CATHALA. Quelle taille d'abeille!

HERMANCE. Monsieur, je vous prie de ne pas m'insulter? Si j'ai consenti à venir à la campagne, c'est à cause de Jeanne que je connais depuis longtemps.

CATHALA. Eh! qui songe à vous insulter, ma chère enfant! Vous me plaisez, j'essaye de vous le dire aussi poliment que possible; tout cela est fort simple. Nous nous sommes réunis pour nous égayer; je tâche d'être gai. Asseyons-nous sous ces beaux tilleuls.

HERMANCE. Pas de ça, Lisette!

CATHALA. Pourquoi?

HERMANCE. Parce qu'il y a trop de petites bêtes dans l'herbe, et que j'ai peur des petites bêtes.

CATHALA. Il y en de si jolies pourtant!

HERMANCE. Tenez, vous ne cherchez qu'à me contrarier. Rejoignons Jeanne et Alphonse.

CATHALA. Comme vous voudrez.

## IV

### Le repas de la grue.

Un restaurant à Saint-Germain-en-Laye.

UN GARÇON. Mesdames et messieurs, nous n'avons plus un seul cabinet de libre pour le moment; mais entrez dans cette salle où il n'y a qu'une table d'occupée. Vous y serez fort bien. (Bas, en désignant un groupe de cinq ou six jeunes gens.) Ces messieurs auront bientôt fini.

ALPHONSE. Allons, puisqu'il n'y a pas moyen de faire autrement! Cathala, charge-toi du menu.

CATHALA. Mesdames, qu'aimez-vous?

HERMANCE. Avez-vous un parfait, garçon?

LE GARÇON. Certainement, madame.

HERMANCE. Et du maquereau?

LE GARÇON. Du maquereau aussi... Mais pour commencer, quel potage?

HERMANCE. Oh! je n'y tiens pas.

JEANNE. Dis donc, nous y tenons, nous. Une purée Crécy, garçon

HERMANCE. Et un tapioka pour Mirza.

CATHALA, qui a écrit un menu. Mesdames, voulez-vous vous en rapporter à moi? Je crois que vous n'aurez pas à vous repentir de cette marque de confiance. Tenez, garçon, et vivement

JEANNE. A présent, plaçons-nous. Monsieur Cathala à côté d'Hermance.

CATHALA, à Hermance. Qu'avez-vous, mademoiselle? Vous semblez contrariée...

JEANNE. Qu'as-tu, en effet?

HERMANCE, à demi-voix. Ce sont ces messieurs de la table, là-bas, qui ont l'air de me regarder en riant.

CATHALA, se levant. Croyez-vous.

JEANNE. Mais non! mais non! tu es folle! Ils ne s'occupent pas de toi. Monsieur Cathala, rasseyez-vous donc.

HERMANCE. Je t'assure...

JEANNE. Est-ce qu'on n'a pas le droit de rire en dînant, maintenant? Tu verras bien si nous nous gênons, nous, tout à l'heure!

ALPHONSE, bas, à Jeanne. Ah çà, elle n'est pas amusante, ton amie. (Le garçon apporte le potage.)

HERMANCE. Garçon, vous me donnerez un bol pour Mirza... elle n'aime pas manger dans les assiettes.

ALPHONSE. Comment? est-ce que le chien va dîner avec nous.

HERMANCE. Mais oui, sur mes genoux, comme cela. Montre ta petite langue rose, Mirza! C'est mon enfant, monsieur. (Le dîner continue.)

CATHALA, à Hermance. Vous offrirai-je du vin?

HERMANCE, qui ne cesse d'avoir les yeux fixés sur l'autre table. Oh! cette fois...

CATHALA. Qu'est-ce qui arrive encore?

HERMANCE. Je suis bien sûre que ce monsieur m'a désignée du doigt en se moquant.

CATHALA. Lequel?

HERMANCE. Celui qui a la cravate bleue.

JEANNE, vivement. Je te dis, Hermance, que tu rêves... je ne sais pas où tu as la tête aujourd'hui!

CATHALA. Allons, il faut en finir. (Il se lève et se dirige vers l'autre table.)

JEANNE. Monsieur Cathala!

ALPHONSE. Cathala! qu'est-ce qui te prend donc?

CATHALA, à un jeune homme. Monsieur... madame prétend que vous la regardez avec une obstination inconvenante.

LE JEUNE HOMME, étonné. Je vous affirme, monsieur, que je ne sais pas ce que vous voulez dire.

CATHALA. Cependant, monsieur...

LE JEUNE HOMME. Ah! monsieur, après ma déclaration, c'est votre insistance qui devient déplacée.

ALPHONSE. Reviens donc, Cathala!

UN AUTRE JEUNE HOMME, à Cathala. Mais oui, vous nous ennuyez.

CATHALA, faisant un geste immédiatement arrêté par le premier jeune homme. Vous devez savoir la valeur de vos paroles, monsieur. (Échange de cartes.)

ALPHONSE, à Hermance. Il n'y a pas de bons sens, madame, à soulever des scènes pareilles pour des niaiseries!

HERMANCE. Alors, il faut me laisser mépriser par les premiers venus? Je vous remercie de l'intention.

(Alphonse hausse les épaules.)

CATHALA, revenant. Voyons, Alphonse, cela ne te regarde pas. Ma petite Hermance, ne pleurez pas.

HERMANCE. Non, je suis de trop ici; je préfère m'en aller.

ALPHONSE, à part. Le diable m'emporte si je la retiens !

HERMANCE. Monsieur Alphonse a bien su me faire sentir ma position.

ALPHONSE, à part. Bon ! est-ce qu'elle va essayer aussi de me brouiller avec Cathala ?

CATHALA, à Hermance. Vous resterez, ma chère. (A Jeanne et à Alphonse.) Et vous, mes amis, vous allez me faire le plaisir de vider vos verres, où le vin commence à s'éventer...

L'ordre se reconstitue peu à peu, surtout lorsque les jeunes gens de la table voisine abandonnent la place. La diversité des flacons amène la gaieté. Hermance fait goûter de tous les plats à Mirza. Le champagne est accueilli avec une bruyante faveur.

JEANNE. Vous saurez, messieurs, qu'Hermance a une voix délicieuse. Il faut qu'elle chante quelque chose.

CATHALA et ALPHONSE. Ah ! oui ! oui !

HERMANCE. C'est que j'ai mangé des artichauts crus ce matin, et je crains...

CATHALA. Bah ! bah ! ça ne fait rien.

HERMANCE. Alors voulez-vous entendre l'*Écuyer du roi de Sicile*, ou bien *Ernest, éloignez-vous?*

TOUS. *Ernest, éloignez-vous!*

HERMANCE. Elle est toute nouvelle.

> Partez, Ernest, partez, je vous en prie !
> Mon cœur est faible et craint votre pouvoir.
> Je vous aimais, et par coquetterie
> J'ai trop longtemps méconnu mon devoir.
> Oui, près de vous, j'aurais pu être heureuse;
> De mon bonheur vous vous montrez jaloux.
> Si vous m'aimez, laissez-moi vertueuse!
> Éloignez-vous, Ernest, éloignez-vous!

ALPHONSE. Ah! très-bien !

HERMANCE. Messieurs, en chœur au refrain !

ALPHONSE. Fichtre ! nous n'aurions garde d'y manquer.

TOUS.

> Si vous m'aimez, laissez-moi vertueuse!
> Éloignez-vous, Ernest, éloignez-vous!

ALPHONSE. Crapule d'Ernest!

HERMANCE. Deuxième couplet, messieurs. Je crois que je l'ai pris un peu haut.

CATHALA sombre, à part. Si jolie!

HERMANCE. On ne change pas d'air.

> Vous le savez, mon mari vient d'apprendre
> Qu'il est trompé par moi, qu'il aime tant!
> Au saint autel, ah! laissez-moi me rendre;
> Je dois me rendre ou m'enfouir au couvent...

ALPHONSE, roulant sous la table. Non non! assez! assez!

CATHALA, à Jeanne. Qu'est-ce qu'a donc Alphonse?

HERMANCE, à Jeanne. La musique fait trop d'impression à votre époux. Je vais passer au dernier couplet.

JEANNE. Oui, c'est cela.

HERMANCE. Ce n'est plus la femme qui parle.

> Deux mois plus tard, dans la sainte chapelle,
> Aux doux accords des cantiques pieux,
> Sœur Amélie, aussi pâle que belle,
> Prenait le voile et prononçait ses vœux.
> Le même jour, étendu sur la pierre,
> Ernest mourait à la maison des fous,
> Et murmurait, en fermant la paupière :
> Éloignez-vous, de grâce, éloignez-vous !

TOUS.

> Et murmurait en fermant la paupière :
> Éloignez-vous, de grâce, éloignez-vous!

ALPHONSE. se débattant. Ernest était mon ami... J'ai

mérité son sort... je demande à faire des révélations!

JEANNE. Reviens à toi, Alphonse.

ALPHONSE. A la condition qu'on fera boire du champagne au chien! Je demande que le chien boive du champagne?— Evohé!

La fête continue. Onze heures sonnent. On se hâte de regagner le chemin de fer.

## V

### La grue au nid.

Une chambre à coucher. Meubles recouverts de perse. Le portrait lithographié de Lacressonnière.

HERMANCE, à Cathala. M'aimerez-vous toujours, au moins?...

CATHALA. Parbleu!

# MA FEMME M'ENNUIE

## I

C'était un jeune homme très-doux.

Seulement il avait quelques idées fixes.

Il ne pouvait souffrir ni le vent, ni la grêle, ni les grosses chaleurs, ni les grands froids, ni les enfants à table, ni les opérettes, ni les embarras de voitures.

C'était moins un original qu'un délicat.

Il comprenait la vie à sa manière ; il se la représentait comme un beau jardin, rempli de lumière et de parfums, avec de larges parties d'ombre et des perspectives infinies, égayé de mille chansons d'oiseaux (rien des perroquets !), traversé d'eaux vives, et couronné d'un ciel blanc et bleu, — le ciel des hommes doux.

On l'appelait Francis.

Il était riche; il semblait devoir être heureux, et il l'aurait été infailliblement sans un accident qui vint l'en empêcher tout à coup.

Il se maria.

## II

Ce fut comme qui dirait un plongeon dans l'océan Parisien, le pire des océans.

Il piqua une tête à la hauteur de la Mairie du deuxième arrondissement, et il disparut.

Au bout de six mois seulement, on le revit à la surface du boulevard des Italiens, — mais pâle, verdi, vaseux, souillé d'algues, amaigri et incommensurablement mélancolique...

Sa première sortie fut pour le club, où l'on hésita à le reconnaître.

— Francis!

— Allonc donc!

— Pas possible!

— Mais si fait!

Puis, parmi tous ces jeunes gens, il s'en trouva un qui eut l'héroïque candeur de lui décocher ces sept mots en pleine poitrine :

— Donnez-nous des nouvelles de votre femme ?

Francis répondit simplement, de l'air souriant d'un gentleman à qui l'on scie une jambe :

— Ma femme m'ennuie.

## III

Ce jour-là, il joua et perdit quinze mille francs au baccarat.

C'était la première fois qu'il touchait une carte.

A partir de cet instant, ce jeune homme si doux donna dans tous les plaisirs et dans toutes les turbulences. Il loua à l'année le char de la fantaisie et le lança à travers toutes les ornières.

Lui, qui avait toujours enveloppé les courtisanes d'une insouciance et d'un mépris sans égal, il s'enquit des plus fameuses et des plus chères.

On lui en indiqua plusieurs.

Il les harnacha et les empanacha d'une façon excessive, et il se montra avec elles dans les endroits les plus voyants, devant Tortoni, dans les avant-scènes des théâtres de vaudeville, aux courses d'Iffisheim. Il les fit souper à toute heure, il les excita à être insolentes et insupportables, et souvent elles dépassèrent son désir.

L'étonnement fut général.

Il arrivait quelquefois qu'un de ses amis l'abordait au sortir d'une orgie, harassé, débraillé, les yeux brûlés, les mains tremblantes.

— Qu'avez-vous, mon cher Francis? et dans quel état vous trouvé-je? Il faut que vous ayez quelque chagrin inconnu. Répondez.

Francis demeurait les yeux attachés au sol, et il finissait par dire :

— Ma femme m'ennuie.

## IV

Il se décida à voyager.

Ce n'était pas qu'il aimât les voyages.

Au contraire.

Il fit comme tous les gens qui se déplacent rarement : il alla au bout du monde.

Là, comme il se trouvait sur le sommet d'une très-haute montagne et qu'il bâillait à un magnifique lever de soleil, il se vit soudain nez à nez avec un savant, membre correspondant de l'Institut, envoyé en mission extraordinaire pour étudier je ne sais quelle matière rocheuse.

Il le salua fort poliment.

Le savant, qui reconnut ce jeune homme si doux pour l'avoir rencontré dans les meilleurs salons de Paris, ne put retenir une exclamation.

— Vous ici!

— Comme vous voyez, dit Francis.

Le savant eut l'esprit traversé par un soupçon; il flairait un émule, un concurrent.

— Peut-on vous demander dans quel but vous êtes ici? lui demanda-t-il avec un accent inquiet.

— Oh! mon Dieu, c'est bien simple, répondit Francis.

— Ah!

On était à trois mille huit cents mètres au-dessus du niveau de la mer.

Le savant retenait sa respiration.

Francis, ne voulant pas prolonger plus longtemps son anxiété, laissa tomber cette parole :

— Ma femme m'ennuie.

## V

Or, un matin qu'il souffrait d'un cor au pied, il envoya chercher un pédicure.

Le pédicure arriva.

Francis lui tendit la jambe, et s'étendit silencieusement dans un vaste fauteuil.

Le pédicure, tout en déployant sa trousse et en tâtant le pied, voulut causer, comme font un assez grand nombre de pédicures.

— Voilà une callosité, monsieur, — essaya-t-il de dire, — qui doit vous occasionner de vives souffrances, surtout pendant les changements de température.

Mais lui, pensif, se contenta de répondre au pédicure :

— Vous allez vous taire, n'est-ce pas?

Le pédicure, un peu troublé, baissa la tête et se mit à l'œuvre.

Tout à coup, l'acier, guidé par une main mal assurée, entama la chair vive.

Francis poussa un rugissement.

Il retira précipitamment sa jambe; de l'autre, il sauta vers un secrétaire ouvert, y prit un revolver et brûla la cervelle au pédicure.

Une seconde avait suffi à la perpétration de ce drame de cabinet, qui n'excita aucune émotion dans le quartier.

Le bris du pédicure passa pour une explosion de gaz.

Dire que Francis éprouva quelque regret de ce forfait, ce serait beaucoup s'avancer, mais, à coup sûr, il en éprouva un certain embarras.

Le cadavre d'un pédicure est toujours gênant.

Après avoir mûrement réfléchi pendant un quart d'heure, il prit le parti de l'emballer fort proprement dans une caisse (peut-être lésina-t-il sur les aromates) et de l'expédier au chemin de fer de l'Est, par la petite vitesse.

## VI

On traduisit Francis en cour d'assises.

Il y apporta sa physionomie indifférente.

Toutefois, l'appareil de la justice humaine parut exciter sa curiosité.

Il examina avec une profonde attention les juges, le public, les gendarmes, comme s'il n'eût pas été là pour son propre compte, — prenant souci des moindres épisodes, d'une porte qui grince, d'un greffier qui se lève, d'un juré qui fait passer un papier à son voisin.

La lecture de l'acte d'accusation le ramena au sentiment de sa situation.

Un éclair d'intérêt brilla dans ses yeux lorsqu'il s'entendit traiter de bête fauve, de chacal, et comparer aux scélérats les plus consommés.

Il s'oublia au point d'en frissonner lui-même.

Son avocat, qui appartenait à la nouvelle école du barreau, c'est-à-dire à l'école mondaine, essaya de rejeter tous les torts sur la victime. Il prétendit que le pédicure avait été l'agresseur, et que son client n'avait fait qu'user de son droit de légitime défense.

— La vue de son sang lui aura tourné la tête, dit-il ; il a pu croire à un guet-apens, s'imaginer que sa blessure était mortelle. Se voyant attaqué par le fer, il a riposté par le feu. Quoi de plus naturel ? Vous en auriez fait autant à sa place, messieurs !

Il y eut plusieurs signes de dénégation parmi les jurés.

— Si! si! continua l'avocat, en insistant; on ne se laisse pas charcuter de sang-froid. Je prétends même qu'il faut considérer comme un bonheur le trépas purement accidentel de ce pédicure, de ce maladroit, de cet empirique. Qui nous affirmera que ce bourreau n'avait point estropié déjà un nombre considérable d'individus? Combien d'autres n'en eût-il pas mutilés encore! Il eût fini par décimer notre belle France sous son outil homicide. Mon client a purgé l'humanité d'un monstre. Et voilà pourtant celui contre lequel vous avez voulu prononcer une peine. Vous n'y pensez pas!...

Ce système ingénieux ébranla quelques jurés; mais il était écrit que Francis devait gâter toutes ses affaires.

Lorsque le président « qui avait dirigé les débats avec une lucidité merveilleuse, » lui adressa la phrase consacrée, dernière perche tendue aux criminels :

— Accusé, n'avez-vous rien à ajouter pour votre défense?

Il répondit, en levant les yeux au ciel, comme un ange qui aurait fait un mauvais coup :

— Ma femme m'ennuie !

## VII

Il fut condamné à mort.

Cela ne parut pas l'affecter outre mesure.

Il conserva sa présence d'esprit et sa douceur jusqu'au dernier moment, ce qui est le propre des grands coupables.

Il se refusa à toutes les visites, afin d'éviter les attendrissements; et, en fait de consolation suprême, il se contenta philosophiquement de la compagnie du concierge de la prison, avec lequel il avait obtenu la permission de jouer au piquet.

Le jour de l'exécution, il mangea de bon appétit la classique aile de volaille, et but les trois-quarts d'une bouteille de vin de Bordeaux, — prise derrière les fagots.

Après quoi, les cheveux *rafraîchis*, il se mit en route pour la place publique, par un petit soleil de printemps.

Ses regards, qu'il ne cessa de promener sur la foule pendant le trajet, le convainquirent du sentiment unanime de réprobation dont la société était animée contre lui.

Arrivé au lieu de destination, il monta tranquillement l'escalier.

Une fois sur la plate-forme, il voulut parler au peuple; mais les aides exécuteurs l'en empêchèrent, et l'on n'entendit que ces mots immédiatement tranchés par le couperet :

— Ma fem...

# LA ROSIÈRE

PERSONNAGES :

| | |
|---|---|
| LA ROSIÈRE. | LE FRÈRE. |
| LE PÈRE. | LE TAMBOUR. |
| LA MÈRE. | UNE VOIX DU CIEL. |

## SCÈNE PREMIÈRE.

Un village aux environs de Paris. — Le théâtre représente une pauvre chambre.

### LE PÈRE, LA MÈRE.

LE PÈRE, soucieux. Qu'est-ce qu'elle peut bien avoir depuis deux jours ?

LA MÈRE. Qui ça ?

LE PÈRE. Notre vache.

LA MÈRE. Un peu d'échauffement, peut-être. Espérons que cela ne sera rien.

LE PÈRE. Faudrait la montrer à M. Maillard, le vétérinaire.

LA MÈRE. Oui, tu as raison; il faudra aller demain chez lui... Mais aujourd'hui, ne pensons qu'au bonheur de voir couronner notre Thérèse.

LE PÈRE. C'est donc aujourd'hui?

LA MÈRE. Eh! tu le sais bien, mon homme.

LE PÈRE. Ce n'est pas dommage; je commence à être ennuyé de toutes ces allées et venues dans notre maison.

LA MÈRE. Mais c'est pour le bien de ta fille.

LE PÈRE. La prime de trois cents francs, oui...

LA MÈRE. Et l'honneur donc!

LE PÈRE. L'honneur, l'honneur, ce n'est pas ça qui guérira notre vache. (Il retombe dans sa rêverie.) Elle rechigne sur tout, ce n'est pas naturel.

LA MÈRE. Une rosière dans notre famille!

LE PÈRE. Pauvre Biquette...

LA MÈRE. Elle s'habille en haut, aidée par la vieille mademoiselle Chuquet, la tapissière. Tu verras comme elle est belle. Chère enfant! c'est le premier beau jour de sa vie. (Le père se lève.) Ne t'impatiente pas, Bertrand, la cérémonie n'est que pour dix heures.

LE PÈRE, avec agitation. Je me moque de la cérémonie! je te parle de notre vache, et je dis comme ça que c'est n'avoir pas de cœur que d'attendre à demain, quand on peut aujourd'hui procurer du soulagement à cette bête. — Donne-moi ma veste.

LA MÈRE. Pour quoi faire?

LE PÈRE. Pour aller chez M. Maillard, et l'amener avec moi voir Biquette.

LA MÈRE. Attends au moins à ce tantôt. Tu ne seras pas de retour assez à temps pour donner le bras à ta fille.

LE PÈRE. Son frère l'accompagnera.

LA MÈRE. Auguste? Où veux-tu que j'aille le chercher à présent?

LE PÈRE. Enfin, tu feras comme tu pourras. Mais je ne connais que la justice : notre vache est notre vache, et je n'aime pas à voir souffrir personne. Je vais chez M. Maillard.

LA MÈRE, suppliante. Bertrand!

LE PÈRE. Veux-tu que je te dise? Eh bien, toi, tu as toujours eu le cœur sec. (Il sort.)

LA MÈRE, seule. Qu'est-ce qu'il a dit? J'ai mal entendu, ce n'est pas Dieu possible... Voici mon fils!

## SCÈNE II

LA MÈRE, LE FRÈRE, dix-huit ans environ; pâle comme sa blouse. Il entre silencieusement et va au buffet.

LA MÈRE. Trois jours sans rentrer? Où étais-tu?

LE FRÈRE. Je travaillais au pont.

LA MÈRE. La nuit aussi? (Le frère ne répond pas). Comme tu as chaud, mon cher fils! viens ici que je t'essuie la figure.

LE FRÈRE. Finis donc.

LA MÈRE. Tu sais, mon ami, le bonheur qui nous est arrivé...

LE FRÈRE. Où est le vin?

LA MÈRE. Ta sœur a été nommée rosière.

LE FRÈRE, haussant les épaules. Qué malheur!

LA MÈRE. Tu penses si j'ai remercié le bon Dieu! Notre Thérèse, la plus sage de la commune!

LE FRÈRE. C'est flatteur pour les autres.

LA MÈRE. Tu vas mettre ta redingote; je t'ai repassé une chemise.

LE FRÈRE. A cause? Je ne m'habille pas le dimanche, c'est trop commun.

LA MÈRE. Mais il faut que tu conduises ta sœur la mairie.

LE FRÈRE. Qu'est-ce qui a dit ça?

LA MÈRE. C'est M. Bersalotte, l'adjoint, qui est venu hier chez nous.

LE FRÈRE. C'est tout ce qu'il paye? (Il prend sa casquette et se dispose à sortir.)

LA MÈRE. Auguste! où vas-tu?

LE FRÈRE. Jouer au tonneau.

LA MÈRE. Ne fais pas affront à ta sœur; accompagne-la, je t'en prie.

LE FRÈRE. Merci! Pour qu'on m'embête encore au chantier, comme on fait depuis trois jours. J'en ai assez, des rosières.

LA MÈRE. Oh? mon fils, un si grand honneur...

LE FRÈRE. Laisse donc; de la comédie en bâton!

LA MÈRE. Auguste, mon cher enfant, va mettre ta redingote.

LE FRÈRE. Eh! je l'ai vendue.

LA MÈRE. Ah!

LE FRÈRE. Adieu, maman. (Il sort.)

LA MÈRE, un moment interdite. Allons je n'ai pas le temps de pleurer.

## SCÈNE III

### LA MÈRE, LA ROSIÈRE.

LA ROSIÈRE. Eh bien, qu'est-ce que tu fais donc, maman ? Voilà une heure que je t'appelle. Tu n'entends jamais quand on a besoin de toi.

LA MÈRE, en extase. Belle comme une reine !

LA ROSIÈRE. Ma robe a craqué à l'épaule ; il a fallu y faire un point. Comme c'est agréable !

LA MÈRE. Cela ne se voit pas, je t'assure... Mais embrasse-moi donc, ma Thérèse !

LA ROSIÈRE. Voyons, ne me touche pas ; tu vas toute me salir. Où est papa ?

LA MÈRE. Il est sorti.

LA ROSIÈRE. Et Auguste ?

LA MÈRE, embarrassée. Auguste aussi.

LA ROSIÈRE. Tous les deux ! Qui est-ce qui m'accompagnera alors ?

LA MÈRE. Dame !... moi, mon enfant.

LA ROSIÈRE. C'est pour rire, n'est-ce pas ?

LA MÈRE. Il faut bien que ce soit quelqu'un, puisque ton père et ton frère...

LA ROSIÈRE. Et avec quoi t'habilleras-tu? Tu n'as seulement pas de bonnet à te mettre.

LA MÈRE. J'ai ma robe verte.

LA ROSIÈRE. Elle est propre, ta robe verte! Tu veux donc me faire honte?

LA MÈRE. Ma chère fille, on sait que nous ne sommes pas riches; c'est connu.

LA ROSIÈRE. C'est connu ici; mais il viendra beaucoup de monde de Paris. Qu'est-ce qu'on dirait en te voyant à côté de moi?

LA MÈRE. On dirait que je suis ta mère. Une mère n'a pas besoin de coquetterie.

LA ROSIÈRE. Tu crois cela? Non, maman, reste. Il est nécessaire qu'il y ait quelqu'un pour garder la maison.

LA MÈRE. Mais je veux te voir couronner, moi!

LA ROSIÈRE. Je t'apporterai ma couronne. Je te la donnerai. Tu pourras la serrer dans ta commode.

LA MÈRE, joignant les mains. Je t'en prie...

LA ROSIÈRE. Sois raisonnable; cela ne se peut pas.

(On entend les cloches.)

LA MÈRE. Ah! j'ai ma robe de noce!

LA ROSIÈRE. Je l'ai donnée l'autre jour à la petite

Maria pour sa première communion. Est-ce que je ne te l'avais pas dit?

LA MÈRE. Tu... as donné ma robe de noce?

LA ROSIÈRE. Une guenille!

## SCÈNE IV

Les Mêmes, LE TAMBOUR, Amies de la rosière.

LE TAMBOUR. Serviteur, la compagnie. Mademoiselle Thérèse Hallut, c'est pour vous prévenir comme cela que voilà vos amies qui viennent vous chercher, vu qu'il est l'heure.

LA ROSIÈRE. Vous êtes bien honnête, monsieur Laflême. Je suis prête ; mais vous nous ferez le plaisir de vous rafraîchir, n'est-ce pas? Ces demoiselles aussi. — Bonjour, Flore ; bonjour, Annette. — Maman, donne des verres.

LA MÈRE. Oui, tout de suite.

LE TAMBOUR, après avoir bu, à la mère. — Eh bien, madame Hallut, êtes-vous assez heureuse!

## SCÈNE V

Le théâtre change. — Tableau rustique. — Les rues sont tendues de grands draps blancs ; les chemins sont jonchés d'herbes odorantes et de fleurs : coquelicots, bluets. — Tout le monde aux fenêtres. — Une rumeur annonce que le cortége sort de la mairie et se dirige vers l'église.

### CORTÉGE DE LA ROSIÈRE.

**Le tambour de la commune.**
**Le garde champêtre,** sabre nu.
**Dix jeunes filles,** vêtues de blanc, formant la haie.
**Une enfant de cinq ans,** portant une couronne de roses sur un coussin de velours.
**La rosière.**
**La rosière de l'an précédent.**
**Monsieur le maire.**
**Monsieur l'adjoint au maire.**
**Deux pompiers.**
**Les notables de l'endroit.**

Des coups de fusil et des détonations d'artifices signalent l'entrée du cortége dans l'église.

## SCÈNE VI

Le soir. Une tente ornée de drapeaux tricolores, avec cette inscription : BAL MOREL.

UN EMPLOYÉ DU BAL. En place! en place, pour le quadrille!

UN PAYSAN. Viens, Denise.

UNE PAYSANNE. Je veux bien; où est Marie? (Criant.) Marie! ici! viens donc!

L'EMPLOYÉ. Un vis-à-vis! un vis-à-vis!

UN COUPLE. Voilà! (On se place. La musique joue. Le rère de la rosière, ivre, traverse les groupes.)

UN DANSEUR. Hé! faites attention.

LE FRÈRE. De quoi?

UN PAYSAN. Tiens, c'est Auguste. Oh! là, là, Auguste!

UN AUTRE. Est-ce que ta sœur va bientôt venir?

LE FRÈRE. Colle-moi la paix avec ma sœur...

VOIX DIVERSES. Voilà la rosière! Vive la rosière! (On monte sur les banquettes.)

UN PARISIEN. C'est là une rosière? Je demande la tête de Florian!

UNE PARISIENNE. Elle a des gants de coton.

L'EMPLOYÉ. En place! en place!

UN ZOUAVE, s'approchant de la rosière. Mademoiselle, vous m'avez promis un quadrille?

LA ROSIÈRE. Le second, oui, monsieur; je danse celui-ci avec M. Maillard. — Mais qu'est-ce que vous avez à la joue? du sang...

LE ZOUAVE. Oh! ce n'est rien; une égratignure... Un polisson qui se permettait des plaisanteries sur vous...

LA ROSIÈRE. Sur moi?

LE ZOUAVE. Soyez tranquille, mademoiselle, je viens de lui donner son compte; il en a pour huit jours de lit. — Tenez, le voilà qu'on emporte.

LA ROSIÈRE. Ah! mon Dieu! c'est mon frère!

M. MAILLARD. Mademoiselle Thérèse, le quadrille commence. Votre main, s'il vous plaît?

LA ROSIÈRE. C'est juste, monsieur Maillard. (Elle danse.)

## SCÈNE VII ET DERNIÈRE

La chambre de la scène première. — La mère, seule, assise sur une chaise et pleurant.

UNE VOIX DU CIEL. Humble femme, il est tard; les

bruits s'éteignent dans le village; tu as travaillé toute la journée; tes genoux tremblent de fatigue; la lassitude est peinte sur ton visage; il est tard. Cesse de pleurer, ou plutôt endors-toi dans tes larmes; cherche un apaisement dans le sommeil, pauvre cœur meurtri. Oublie et pardonne; oublie les lâchetés et les ingratitudes; pardonne aux goujats et aux méchants. Endors-toi en priant : tes douleurs cesseront bientôt, et tu seras glorifiée alors pour tout ce que tu auras souffert. — Saintes fleurs du peuple, tristes fronts courbés dans la poussière, Dieu vous voit et vous bénit; il sait vos insomnies en attendant l'époux enivré et brutal; il compte vos supplications au fils détourné et farouche. Vous êtes les âmes naïves, vous êtes les âmes tendres à qui une éternité d'amour est promise. Endors-toi, pauvre mère, endors-toi, et je te ferai voir en rêve la couronne qui t'attend, ainsi que la robe étoilée dont tu seras revêtue le jour où tu monteras au ciel! (La mère s'endort.)

# LA BAGUE

## SCÈNE PREMIÈRE

Il est quatre heures de l'après-midi. Le théâtre représente le boudoir de madame de Monbazon, belle femme de quarante ans.

M<sup>me</sup> DE MONBAZON. En vérité, mon Georges, il faut que je vous aime bien pour oublier ainsi tous mes devoirs d'épouse. Oh! laissez-moi cacher ma rougeur dans votre sein!

SON GEORGES. Cachez, cachez.

M<sup>me</sup> DE MONBAZON. Vous semblez préoccupé, mon Georges? Qu'est-ce qui peut mettre ainsi un pli à votre front! O mon Dieu? un malheur plane sur vous, peut-être!

SON GEORGES. Mais non, mais non.

M<sup>me</sup> DE MONBAZON. C'est que, voyez-vous, un rien m'effraie, pauvre femme que je suis! Je vous aime tant!

son georges, à part. Et Adèle qui m'attend chez moi à quatre heures et demie.

Mme de monbazon. Que vous êtes beau, mon Georges ! que vous êtes distingué ! Il n'y a que vous pour savoir porter une cravate rose. Je veux vous en envoyer une douzaine.

son georges. Pas de frais, voyons, pas de frais. (A part.) Quatre heures vingt !

Mme de monbazon. Vos regards se portent toujours sur la pendule. Je finirai par croire que mon Georges a un rendez-vous.

son georges. Un rendez-vous ?... oui, un rendez-vous d'affaires, avec mon banquier, qui demeure au Gros-Caillou. Ainsi permettez...

Mme de monbazon. Qu'avez-vous donc fait de la montre que je vous ai donnée ?

son georges. Est-ce que je ne l'ai pas sur moi ? Elle sera restée accrochée... auprès de mon lit.

Mme de monbazon, soupirant. Allez à votre rendez-vous, mon ami, à votre rendez-vous... d'affaires. Oh ! si c'était une femme qui vous attendit ?

son georges. N'y a pas de danger.

Mme de monbazon. Si quelque rivale tentait de

vous arracher à mon amour!... je ne sais pas ce que je lui ferais. Vous ne me connaissez pas encore, voyez-vous ! Mais où mon esprit va-t-il s'égarer ?... Vous n'aimez que moi, et vous n'aimerez jamais que moi, n'est-il pas vrai, mon noble Georges ?

son georges. Naturellement.

M<sup>me</sup> de monbazon. Georges est à son Herminie, comme Herminie est à son Georges !

son georges, à part. Oh ! il y a des dents nouvelles à la scie. (Haut.) Adieu.

M<sup>me</sup> de monbazon. Attendez ! Georges, c'est aujourd'hui le 8 novembre.

son georges. Eh bien ?

M<sup>me</sup> monbazon, avec émotion. Cette date ne vous dit-elle rien ?

son georges. Je croyais être au 9.

M<sup>me</sup> de monbazon. Oublieux ! C'est l'anniversaire de notre liaison... de notre coupable liaison.

son georges. Pas possible !

M<sup>me</sup> de monbazon. Acceptez cette bague en souvenir d'un jour qu'il n'est plus en notre pouvoir d'effacer de notre existence.

son georges. Une bague ?

M^me DE MONBAZON. Oh! bien simple... Je veux vous la passer au doigt. Si elle ne peut nous fiancer devant les hommes, qu'elle nous fiance au moins devant Dieu!

SON GEORGES, à part. Je n'éviterai pas une scène d'Adèle.

M^me DE MONBAZON. Et maintenant, partez, Georges; allez à vos occupations. Je ne prétends pas être un obstacle dans votre vie; je ne veux pas qu'on dise: « Cette femme a brisé l'avenir de ce jeune homme. » Ah! c'est que je ne vous aime pas d'un amour égoïste, moi! Vous reviendrez samedi, à la même heure.

SON GEORGES. J'aurais mieux aimé lundi.

M^me DE MONBAZON. Pourquoi?

SON GEORGES. Oh! pour rien... Va pour samedi. Mais votre mari?

M^me DE MONBAZON. Ne craignez rien; je l'éloignerai, comme toujours.

SON GEORGES. A samedi donc. Adieu, ma belle comtesse. (Sortie.)

M^me DE MONBAZON, le regardant s'éloigner par la fenêtre. Qu'il est gracieux, mon Georges! qu'il a l'air comme il faut!

M. DE MONBAZON, *entrant dix minutes après.* Bonjour, chère amie. Il n'est venu personne pendant mon absence ?

M*me* DE MONBAZON. Si fait... ce jeune homme qui désire tant vous voir... M. Georges Mac'Interlop.

M. DE MONBASON. C'est étrange ! Voilà dix-huit mois que ce monsieur a une lettre de recommandation pour moi, et il n'est pas encore parvenu à me la remettre.

M*me* DE MONBAZON, *indifféremment.* Vous vous croisez toujours.

## SCÈNE II.

*Il est cinq heures et demie de l'après-midi. Le théâtre représente la chambre de Georges dans un hôtel garni de deuxième ordre. Adèle, jeune blanchisseuse des environs, s'y trouve seule en ce moment.*

GEORGES, *entrant, tout essoufflé.* Je te jure qu'il n'y a pas de ma faute, mon Adèle ! Ouf !

SON ADÈLE. Merci ! je te retiens, toi. Une heure de retard ! Que dira ma maîtresse de magasin !

GEORGES. Si tu savais que de courses j'ai faites ! J'en suis *esquinté.*

SON ADÈLE. Avec cette toilette de notaire et ces souliers de bal? Tiens, regarde-moi, tiens, tiens! (Elle hausse les épaules.)

GEORGES. J'ai été à l'enterrement d'un de mes amis.

SON ADÈLE, chantonnant. *Trou la trou, trou la trou...* Si tu avais été à l'enterrement, tu sentirais le vin. — Approche ta tête, s'il vous plaît. — Et ton mouchoir? Pouah! Monsieur se met du musc à présent, comme les vieilles femmes.

GEORGES, à part. Le parfum préféré d'Herminie! Profanation!

SON ADÈLE. Tu sais bien pourtant que je t'ai défendu de te servir d'autre chose que du Bully.

GEORGES. C'est vrai; je ne le ferai plus; pardonne-moi, ma petite Adèle.

SON ADÈLE. Non; tu n'es pas gentil; tu me traites comme la première venue. — Vois, nous sommes au commencement de l'hiver, et tu n'as pas encore retiré mon manteau de chez la mère Trudaine.

GEORGES. Eh bien, et moi, ai-je retiré ma montre? — Voyons, viens m'embrasser, mon loulou. (Il lui prend les mains, et chercher à l'attirer sur ses genoux.)

SON ADÈLE. Aïe! tu me fais mal... Qu'est-ce qui

me blesse donc?... Tiens, tu as une nouvelle bague!

GEORGES, à part. Pincé!

SON ADÈLE. Mais c'est un brillant!

GEORGES. Allons donc! une modeste pierre...

SON ADÈLE. Attends que je l'essaie... Elle me va comme si on m'avait pris mesure. Merci, Georges!

GEORGES. Pas de bêtises! Rends ça tout de suite.

SON ADÈLE. Eh bien, quoi? Du strass, tu peux bien m'en faire cadeau. Ne dirait-on pas?

GEORGES. C'est la bague de ma mère!

SON ADÈLE. Connu! Pourquoi ta mère ne la porte-t-elle pas, sa bague?

GEORGES. Elle me l'a confiée pendant vingt-quatre heures pour y faire graver...

SON ADÈLE. Son chiffre; encore connu! — Je sais un graveur qui ne te prendra pas cher. Adieu; il faut que je rentre au magasin.

GEORGES. Veux-tu bien me rendre cette bague?

SON ADÈLE. Madame doit être dans tous ses états. Je suis aussi sûre d'attraper un savon que deux et deux font quatre... Ce sera ta faute. (Elle arrange ses cheveux devant un miroir.)

GEORGES. Mon petit chat, sois raisonnable; tu ne veux pas que je me fâche?

SON ADÈLE. Si; je voudrais voir ça. (Elle se dirige vers la porte.)

GEORGES, lui barrant le passage. Adèle... une fois, deux fois!... de bonne volonté!

SON ADÈLE. Non! (Elle court à travers la chambre.) Tu me casseras plutôt le doigt... Aïe!... je vais crier... Georges! Eh bien, je te la reporterai demain... bien sûr!

GEORGES. Bien sûr?

SON ADÈLE. Mais lâche-moi! Oh! le monstre! j'ai le poignet tout bleu. (Elle gagne la porte.) C'est égal, ta bague a fait mon caprice! (Elle se sauve.)

GEORGES, la poursuivant. Adèle!

SON ADÈLE, dans l'escalier. écris ton linge; je l'enverrai chercher.

GEORGES, seul. Après tout, tant pis pour la Monbazon! Je trouverai une excuse.

## SCÈNE III

Il est six heures et demie. Le théâtre représente l'arrière-boutique de madame Trudaine, marchande à la toilette.

ADÈLE, entrant. Êtes-vous seule, mère Trudaine?

M^me TRUDAINE. Oui, mon petit pruneau; qu'est-ce qu'il y a pour votre service?

ADÈLE, ôtant la bague de son doigt. Combien ça vaut-il, ça?

M^me TRUDAINE. Peste! ma fille, tu ramasses maintenant de ces petits cailloux-là? Je t'en fais mon compliment. L'amidon va bien, à ce que je vois.

ADÈLE. Combien? combien?

M^me TRUDAINE. Écoute, ma petite, ne joue pas la finesse avec moi; je connais ton jeu comme si je te l'avais taillé. Tu sors de chez le bijoutier, et tu sais son prix.

ADÈLE. Eh bien, après? quel mal y a-t-il à cela?

M^me TRUDAINE. C'est que le prix de maman Trudaine n'est pas tout à fait celui du bijoutier.

ADÈLE. Mais enfin, qu'est-ce vous en offrez, vous?

M^me TRUDAINE. A cause de toi, mon chéri, j'irai jusqu'à cent francs.

ADÈLE, remettant la bague à son doigt. Prenez donc garde d'attraper un effort

M^me TRUDAINE. Ah! je sais bien, nous préférerions traiter avec le bijoutier, qui est plus généreux, plus large. Mais le bijoutier est curieux; il veut tout savoir, les tenants et les aboutissants; il exige des papiers, et quelquefois il ne paie qu'à domicile. Tandis que maman Trudaine ne demande rien du tout; elle est glissante, elle...

ADÈLE. Mais, dites donc, cette bague vient de mon Georges!

M^me TRUDAINE. Oh! alors, c'est bien simple! Que ton Georges t'accompagne chez le bijoutier. (Moment de silence.)

ADÈLE, embarrassée. Ainsi, nous ne faisons pas affaire, mère Trudaine?

M^me TRUDAINE. Je n'ai pas dit cela, mon bibi.

ADÈLE. Cent francs! Ce n'est pas même le prix du Mont-de-Piété!

M^me TRUDAINE. Voyons, entendons-nous. Tu me dois douze francs pour l'engagement de ton manteau, n'est-ce pas? Bien. Huit francs pour ta robe écossaise. Douze et huit font vingt. Plus, quatre-vingts francs pour la montre de ton homme. Voilà déjà tes cent francs.

ADÈLE. Oui, mais...

M^me TRUDAINE. Laisse-moi finir. Je te rends le manteau, la robe et la montre. Ensuite... tu vas voir si je suis gentille... je te donnerai un joli chapeau, qui n'a pas été porté deux fois, et que je dois aller chercher tout à l'heure avec d'autres choses, chez Élisa Spiralifère, ma meilleure pratique. De plus, tu pourras choisir deux paires de bottines parmi celles que j'ai ici. J'espère que je fais bien les choses!

ADÈLE. Et cinquante francs d'argent.

M^me TRUDAINE. Ah! non.

ADÈLE. Je m'en vais, mère Trudaine.

M^me TRUDAINE. Mais, méchante enfant, tu ne me laisses aucun bénéfice.

ADÈLE. Qu'est-ce que ça me fait?

M^me TRUDAINE. Trente francs, et tais-toi.

ADÈLE. Non.

M^me TRUDAINE. Eh bien, va-t'en; j'aime mieux ça.

ADÈLE. Allons, quarante ; voici la bague.

M^me TRUDAINE, la prenant. Les diamants ne sont plus à la mode ; c'est d'un goût détestable aujourd'hui. — Je vais te chercher tes nippes. — Et ton petit enfant, comment va-t-il ?

ADÈLE. Toujours en nourrice à Saint-Denis, mère Trudaine ; il n'a pas été bien portant, ces jours-ci.

M^me TRUDAINE. Ce sont les dents.

## SCÈNE IV

Il est minuit passé. Le théâtre représente un salon particulier d'un restaurant du boulevard, où la célèbre Élisa Spiralifère soupe avec quelques-unes de ses amies.

UN GARÇON, entrant. M. le marquis de Beffaria demande à présenter ses hommages à ces dames.

ÉLISA SPIRALIFÈRE. Joseph, nous vous avons défendu de laisser entrer aucun homme ici. Présentez nos excuses à M. le marquis, et dites-lui de nous ficher la paix.

BLANCHE, CAMILLE, ERNESTINE. C'est cela ; pas d'hommes ! pas d'hommes !

NANCY. Cha tient trop de plache !

ÉLISA SPIRALIFÈRE. Joseph! un parfait!

CAMILLE. Joseph! des *impériales*!

BLANCHE. Joseph! une carafe frappée!

ERNESTINE. Joseph! le café! les liqueurs! la chartreuse!

NANCY, au piano. *Mon arrêt, descends du ciel?.... Venez tous, c'est une fê...ê...ê...te!*

TOUTES. Non! non! non!

CAMILLE, à Élisa Spiralifère. Oh! le joli diamant! Depuis quand l'as-tu?

ÉLISA SPIRALIFÈRE. Depuis ce soir.

CAMILLE, tristement. Tu as de la chance, toi.

ÉLISA SPIRALIFÈRE. Je l'ai acheté à ma revendeuse.

CAMILLE. Cher?

ÉLISA SPIRALIFÈRE. Je ne sais pas; nous sommes en compte.

BLANCHE, à Ernestine. Je n'ai jamais compris le javanais.

ERNESTINE. Que tu es bête!

NANCY. Pas à moi, ces dents-là! Regarde donc. (Elle mâche la griffe à sucre.)

ERNESTINE. Je te parie de casser cette autre assiette au même endroit.

BLANCHE. Je te parie que non ! — Mesdames, taisez-vous donc ; on ne s'entend pas casser les assiettes !

ÉLISA SPIRALIFÈRE. Joseph ! (Elle attire le garçon dans un coin du salon.) Vous viendrez chez moi demain matin avec l'addition.

LE GARÇON. Très-bien, madame.

ÉLISA SPIRALIFÈRE. A onze heures.

LE GARÇON. Oui, madame.

ÉLISA SPIRALIFÈRE. Vous insisterez pour être introduit. Il y aura peut-être un monsieur chez moi.

LE GARÇON. Madame peut compter sur la façon discrète...

ÉLISA SPIRALIFÈRE. Vous êtes un serin. Vous parlerez très-haut, au contraire. Vous direz que vous me rapportez cette bague, que je vous ai laissée en nantissement. Prenez-la, avez-vous compris, cette fois ?

LE GARÇON. Oui, madame.

ÉLISA SPIRALIFÈRE. Ce n'est pas dommage. Allez maintenant, et envoyez-moi chercher du tabac turc !

LE GARÇON, hésitant. Madame...

ÉLISA SPIRALIFÈRE. Quoi ?

LE GARÇON. C'est qu'il y a dans le corridor le jeune M. de Chalossé qui sollicite la faveur...

ÉLISA SPIRALIFÈRE, sévèrement. Encore, Joseph !

TOUTES. A bas les hommes !

## SCÈNE V

Le lendemain. Il est onze heures du matin. Le théâtre représente la chambre à coucher d'Élisa Spiralifère, chez qui M. de Monbazon se trouve en visite.

M. DE MONBAZON. Encore, si j'étais certain de votre amour, Élisa !

ÉLISA SPIRALIFÈRE. Pouvez-vous en douter, Paul, après tous les sacrifices que j'ai faits pour vous !

UNE FEMME DE CHAMBRE, entrant. Madame...

ÉLISA SPIRALIFÈRE. Qu'est-ce qu'il y a, Victoire ?

LA FEMME DE CHAMBRE. C'est...

ÉLISA SPIRALIFÈRE. Parle. Tu sais bien que je n'ai pas de secrets pour M. le comte.

LA FEMME DE CHAMBRE. Eh bien, madame, c'est un garçon de la *Maison Dorée*.

ÉLISA SPIRALIFÈRE. Ah ! oui, je sais ce que c'est. Fais-le entrer.

M. DE MONBAZON, avec étonnement. La *Maison Dorée* ?...

ÉLISA SPIRALIFÈRE. N'allez-vous pas être inquiet déjà ? C'est pourtant bien simple. Hier soir, en sortant des Variétés, j'ai invité trois ou quatre de mes bonnes amies à manger un morceau. Nous avons sucé des crevettes et bu deux doigts de tisane. Une orgie ! J'avais oublié mon porte-monnaie ; j'ai laissé la première chose venue, c'est sans doute cela que ce garçon me rapporte.

M. DE MONBAZON. Toujours évaporée ! (Entrée du garçon.)

ÉLISA SPIRALIFÈRE. Ah ! c'est vous, mon ami. (A M. de Monbazon.) Paul, donnez donc dix louis, je vous prie.

M. DE MONBAZON, faisant la grimace. Dix louis de crevettes ! diable !

ÉLISA SPIRALIFÈRE. Dix ou onze, je ne sais pas. Avez-vous votre papier, garçon, votre note... comment appelez-vous cela ?

LE GARÇON. Voici, madame, avec la bague.

M. DE MONBAZON, après s'être exécuté. Voyons cette bague. Elle est gentille, oui, elle est gentille.

ÉLISA SPIRALIFÈRE. La voulez-vous ?

M. DE MONBAZON. Qu'est-ce que vous voulez à la place ?

ÉLISA SPIRALIFÈRE. Vous le savez bien, gros vilain... le cachemire... Hein ?

M. DE MONBAZON. Oh! oh!

ÉLISA SPIRALIFÈRE. Vous n'en mourrez pas, chéri.

M. DE MONBAZON, mettant la bague dans sa poche. Encore, si j'étais certain de votre amour, Élisa!

ÉLISA SPIRALIFÈRE. Pouvez-vous en douter, Paul, après tous les sacrifices que j'ai faits pour vous!

## SCÈNE VI ET DERNIÈRE.

Même jour. Il est midi et demi. Le théâtre représente le bouboir de madame de Monbazon. Même décoration qu'à la première scène.

M. DE MONBAZON. Bonjour, chère amie. Vous allez bien? Allons, tant mieux. A propos... vous me reprochez toutes mes préoccupations, mon manque de galanterie. Je veux vous prouver aujourd'hui que j'ai été sensible à vos reproches. Permettez-moi de vous offrir ce bijou.

M<sup>me</sup> DE MONBAZON, avec stupeur, à part. Ma bague!!!

# LES INVITEURS

## PERSONNAGES :

CAZENAVE, de *Toulouse* (1).
ROUCOUMILLE,   id.
DIOMÈDE,   id.
MOI, de *Paris, personnage de convention.*

## PREMIÈRE PARTIE.

Le théâtre représente un café, à Paris. Les quatre personnages ci-dessus y sont groupés autour d'un bol de punch, après un dîner excellent. Les têtes sont un peu échauffées.

CAZENAVE. Comment! vous ne connaissez pas Toulouse?

(1) Il me fallait une ville de province pour les besoins de cette esquisse. Je n'ai pas choisi Toulouse, de préférence à une autre, avec l'intention de ridiculiser spécialement ses habitants; je l'ai prise précisément parce que je ne la connais pas, que je n'y suis jamais allé, espérant échapper de la sorte à des suppositions de satire trop directe. (*Note de l'auteur.*)

moi. Non, monsieur, à mon grand regret.

cazenave. Est-ce possible!.— Dis donc, Roucoumille ; monsieur n'a jamais vu Toulouse.

roucoumille. Oh!!!

cazenave. Il faut absolument que vous nous fassiez l'honneur de venir y passer quelque temps.

roucoumille. Vous ne pouvez pas vous en dispenser.

diomède. Vous n'avez pas le droit de vivre sans connaître Toulouse. — Garçon! un autre bol de punch !

cazenave. Nous serons heureux de vous y offrir une hospitalité qui ne soit pas trop indigne de vous.

moi. Merci, messieurs, merci...

cazenave. Nous ne sommes que de petites gens auprès de vous autres Parisiens, mais enfin, quand nous voulons nous mêler de faire les choses... N'est-ce pas, Roucoumille ?

roucoumille. Fiez-vous à Cazenave : il sait traiter son monde.

moi. Je suis aussi touché qu'embarrassé de ces témoignages de cordialité.

diomède. Eh bien, vous seriez bien bon d'y mettre

des façons; on voit bien que vous ne nous connaissez pas. — A votre santé !

MOI. A la vôtre, monsieur. (On choque les verres, et l'on boit.)

CAZENAVE. Voyons, quand venez-vous à Toulouse?

ROUCOUMILLE. Oui, quand partez-vous? dites-nous ça. —

MOI. Mais... je ne sais pas... aussitôt que je le pourrai.

ROUCOUMILLE. Pourquoi pas tout de suite?

CAZENAVE. C'est justement la saison des bécassines.

MOI. Cela m'est impossible en ce moment.

DIOMÈDE. Allons, faites un sacrifice. Que diable ! vous n'êtes pas tellement retenu à Paris !

MOI. Mais si, je vous assure. Tout ce que je peux vous promettre, pour répondre à vos charmantes instances...

CAZENAVE. Ah !

DIOMÈDE. Ecoutons !

MOI. C'est d'aller à Toulouse le printemps prochain.

ROUCOUMILLE, d'un ton désappointé. Dans six mois !

CAZENAVE. Au moins, est-ce une affaire bien entendue?

DIOMÈDE, sur un air de basse. Bien convenue ?

MOI. Oh ! j'y engage ma parole.

ROUCOUMILLE. A la bonne heure ! Vous verrez une ville comme vous n'en avez jamais vue.

DIOMÈDE. Ce n'est pas Paris... c'est autre chose.

CAZENAVE. Je me charge de vous montrer toutes nos curiosités ; et nous n'en manquons pas !

DIOMÈDE. Moi, les monuments ne sont pas mon fort, mais je vous ferai manger d'un poisson unique au monde, et boire d'un certain vin... Dis donc, Roucoumille, le vin de l'avocat !

ROUCOUMILLE. Ah ! oui ! le vin de l'avocat !

CAZENAVE. Oh ! le vin de l'avocat !

DIOMÈDE. Il faudra le mener aussi chez le père Morel, un restaurant de *Clémence Isaure*. C'est là qu'on fait de bons repas.

CAZENAVE. Nous lui ferons faire la connaissance de Constantin.

ROUCOUMILLE. C'est une idée !

CAZENAVE. Vous verrez un bon garçon, sans pose, tout franc, tout rond... pas bête cependant.

DIOMÈDE. Qui, bête ? Constantin ! Je crois bien qu'il n'est pas bête !

roucoumille. Un peu braque, par exemple. Il arrivera chez vous sans chapeau, ou avec un soulier d'une façon et l'autre de l'autre.

diomède. Je vous présenterai à notre cercle. Le président sera heureux de vous accueillir.

moi. En vérité, messieurs, vous me comblez.

roucoumille. Êtes-vous amateur d'opéra ?

moi. Jusqu'au délire !

roucoumille. Nous avons une troupe comme il n'y en a pas deux. Le ténor est un peu faible ; mais la basse... c'est ça.

diomède. Nous n'aimons que les basses, à Toulouse.

cazenave. Vous n'aurez pas le temps de vous ennuyer, je vous en réponds.

moi. J'en suis convaincu.

diomède. Et les femmes, donc ! Vous nous en direz des nouvelles. Quels yeux ! quels cheveux ! Et comme c'est établi ! — Hein ! les femmes, Cazenave ?

cazenave. Oui, Clara, la maîtresse à Peyrolle.

roucoumille. Et Clotilde, celle au commandant !

diomède. Laisse donc ! ta Clotilde a quatre dents fausses.

CAZENAVE. Pour une belle femme, parlez-moi de Mariette, qui tient un magasin de modes! Je veux que nous organisions une partie avec elle...

MOI. Messieurs, messieurs, je suis marié!

CAZENAVE. Bah! bah! une fois à Toulouse vous nous appartenez. Nous sommes une petite bande de lurons; nous avons un commissaire de police dans notre manche... — Mais vous ne pourrez rien voir en huit jours. Il faut nous rester un mois.

ROUCOUMILLE. Deux mois!

DIOMÈDE. Tout l'été!

MOI. Je le voudrais de tout mon cœur, mais...

CAZENAVE. Mais quoi? Est-ce que vous ne vous reposez point quelquefois? Est-ce que vous ne prenez jamais de vacances?

MOI. Si fait; je tâcherai...

CAZENAVE. Ah ça! pas de bêtise! Vous savez que vous descendez chez moi, et que vous y demeurerez tout le temps de votre séjour.

MOI. Oh! pour cela, je ne peux accepter.

CAZENAVE. Ce serait me faire un véritable affront, à moi et à mes amis, que d'aller à l'hôtel.

ROUCOUMILLE. Certainement.

DIOMÈDE. D'abord, il n'y en a pas un de passable à Toulouse.

CAZENAVE. Je vous installerai dans une jolie petite chambre, au deuxième étage. Il y a une très-belle vue. Vous serez là entièrement chez vous; vous pourrez sortir et rentrer quand vous voudrez; personne ne vous dérangera.

MOI, ébranlé. Mais c'est moi qui vous dérangerai.

CAZENAVE. Cessez. Je vous attends du premier au quinze mai.

MOI. Eh bien, vous l'emportez, mon cher monsieur, mon cher...

CAZENAVE. Appelez-moi Cazenave tout court, vous me ferez plaisir.

MOI. Oui, mon cher Cazenave, je cède à tant d'urbanité; j'irai à Toulouse, et je descendrai chez vous. — Messieurs, soyez témoins de l'engagement solennel que j'en prends; j'ai éprouvé trop de plaisir dans votre compagnie pour ne pas désirer de me retrouver avec vous le plus tôt possible. — A votre santé encore, messieurs, et au revoir à Toulouse!

TOUS LES QUATRE, unissant leurs verres, comme dans une fin d'acte. A Toulouse!

## DEUXIÈME PARTIE

Une rue, à Toulouse.

MOI, un sac de voyage à la main, interrogeant un passant. M. Cazenave, s'il vous plaît ?

LE PASSANT. Quel Cazenave ? Il y a cent cinquante Cazenave à Toulouse.

MOI. Diable ! (Après quelques minutes d'irrésolution, il se met bravement à la recherche de son Cazenave ; vers la fin de la journée il en a FAIT soixante-quinze. Il s'adresse, pour le soixante-seizième, à une femme du peuple.) M. Cazenave, s'il vous plaît !

LA FEMME. C'est bien facile ; vous voyez ce puits qui fait le coin de la petite place, à côté du marchand de balais ? Eh bien, c'est la seconde rue en tournant sur votre droite, après la boutique des demoiselles Fabrègue, dans la maison du menuisier, l'étage au-dessus de M. Subleyras le fils.

MOI. C'est limpide. (Il arrive à la maison indiquée, monte deux étages, et sonne à une porte percée d'un guichet.

UNE DOMESTIQUE, ouvrant le guichet. Que voulez-vous, vous ?

MOI. Voir Cazenave et m'asseoir !

LA DOMESTIQUE. Comment vous nomme-t-on ?

MOI. J'aurais préféré lui faire une surprise... (Il donne sa carte; la domestique referme le guichet, et le laisse sur le palier.)

MOI. Précieuse rusticité des mœurs de la province !

LA DOMESTIQUE, revenant au bout de dix minutes, et rouvrant le guichet. Vous êtes bien seul?

MOI. Tiens ! cette idée !

LA DOMESTIQUE. Entrez. (Elle l'introduit dans un salon.)

CAZENAVE, survenant, froid, embarrassé, parlant à demi-voix. Monsieur, veuillez m'excuser de vous avoir fait attendre.

MOI, les mains tendues. Cher monsieur... Enfin !... j'ai cru que je ne vous trouverais jamais!

CAZENAVE. J'avais d'abord mal lu votre nom sur votre carte; mais j'ai fini par me rappeler... Nous nous sommes vus si peu de temps!...

MOI. Cela m'a suffi pour me souvenir continuellement de votre courtoisie. Aussi, vous voyez, je suis fidèle à ma promesse. (Montrant son sac de voyage.) Où puis-je déposer ceci?

CAZENAVE. Mais... où vous voudrez... sur le premier meuble venu.

moi. Cet excellent Cazenave! Pas changé; toujours aussi bonne mine... Je vous aurais reconnu entre mille Cazenave. (Riant.) Il est tellement ému qu'il oublie de m'offrir une chaise. Ma foi! sans façon, je l'accepte! (Il s'assied.)

cazenave, avec un rire forcé. Ah! ah! — Et... peut-on vous demander, au risque d'être indiscret, ce qui vous amène à Toulouse?

moi. Hein? — Ce qui m'amène à... Ah? oui, oui, oui... je comprends... Elle est bonne! — Ce qui m'amène à Toulouse? (Feignant un grand sang-froid.) Je ne sais pas. (Sur un ton joyeux.) Farceur de Cazenave!

cazenave. Où êtes-vous descendu?

moi. Je ne suis pas descendu ; je vous dis que j'arrive.

cazenave. Dans ce cas, je vous recommande l'hôtel des *Colonies*; c'est ce que nous avons de moins mal.

moi, stupéfait. Ah! l'hôtel des...

cazenave. Ou celui des *Quatre-Sœurs*. La table d'hôte y est préférable.

moi. Je vous sais gré de ce renseignement.

cazenave. En toute autre circonstance, je me serais

fait un plaisir de vous offrir un logement ; mais nous sommes si petitement, si petitement... Et puis, j'ai la tante de ma femme qui est venue demeurer chez nous depuis six semaines.

MOI. Pas un mot de plus, Cazenave ; je n'ai jamais prétendu être un gêneur. Vous savez quelles ont été mes résistances à ce sujet. L'hôtel des *Quatre-Sœurs* fera parfaitement mon affaire ; je vous dirai même plus : cette nouvelle combinaison me met à mon aise.

CAZENAVE. J'en suis ravi.

DIOMÈDE, entrant. Comment vas-tu, Cazenave, mon vieux ?

MOI. Monsieur Diomède ! — Parbleu ! la place m'est heureuse !

CAZENAVE, à Diomède. Est-ce que tu ne remets pas ce monsieur !

DIOMÈDE. Attends donc...

CAZENAVE. C'est monsieur N..., de Paris, avec qui nous avons soupé un soir... tu sais bien... et avec Roucoumille.

DIOMÈDE. Bah ! C'est étonnant comme ma mémoire s'en va ! Enchanté néanmoins de vous revoir, monsieur... — Qu'est-ce que vous venez faire ici ?

moi, à part. Lui aussi !

diomède. Quelle diantre d'affaire peut vous avoir conduit dans notre trou ?

moi. Un trou ?

diomède. Eh oui ! morbleu ! et de la pire espèce. (Il se jette sur un canapé.)

moi. Vous ne disiez pas cela, il y a six mois; Cazenave non plus. A vous entendre, Toulouse...

cazenave. Ah ! Toulouse est bien changée !

diomède. Changée du tout au tout.

cazenave. Le commerce est mort.

moi. Bon ! il reste encore les monuments, les bons repas, les femmes charmantes, le théâtre... — Vous me mènerez chez le père Morel, au restaurant de *Clémence Isaure.*

diomède. Le père Morel ?... Ah oui ! — Mais c'est qu'il est retiré ; il a cédé son fonds.

moi. Eh bien, nous irons chez son successeur. Je ne tiens pas au père Morel, moi ; je ne tiens qu'à ses fourneaux. Vous m'avez aussi prôné un vin dont je veux boire : le vin de l'avocat.

diomède. Hum ! il ne doit pas lui en rester beaucoup.

MOI. Nous boirons le reste. — Oh! j'ai votre programme gravé dans la tête, et je ne vous ferai grâce d'aucun article. Lequel des deux me présente au cercle?

CAZENAVE. Ce sera Diomède, car moi, je n'y mets presque plus les pieds, autant dire.

DIOMÈDE. Le cercle!... Moi, présenter quelqu'un au cercle! Il y a bel âge que je les ai tous envoyés coucher... un tas d'imbéciles, de serins!

MOI. Je vois qu'il faudra que je me rabatte sur le théâtre.

CAZENAVE. Il est fermé.

MOI. Fermé!

DIOMÈDE. Est-ce qu'il y a un théâtre possible à Toulouse? Est-ce qu'on vient à Toulouse pour aller au théâtre!

MOI. Mais dites donc, si je suis venu à Toulouse, c'est parce que vous m'avez engagé à y venir, entendez-vous!

DIOMÈDE. Une fichue idée que nous vous avons donnée là.

MOI. Allons, allons, vous êtes des sournois; vous hésitez et vous vous consultez avant de me recevoir dans votre confrérie. Rassurez-vous, je suis un drille de votre trempe, et je ne trahirai pas vos secrets. A Issoudun, j'aurais été un des plus hardis compagnons de la Désœuvrance ; à Toulouse, je ferai merveille dans votre bande de lurons.

DIOMÈDE. Ah bien, oui! notre bande! dissoute, mon cher monsieur, dissoute. Nous nous couchons maintenant à neuf heures.

MOI, incrédule. — Mariette aussi?

DIOMÈDE. Quelle Mariette?

MOI. Vous savez bien... qui tient un magasin de modes.

DIOMÈDE. Il n'y a plus de Mariette pour moi. Il n'y a plus de veilles; il n'y a plus rien. C'est fini.

MOI. Comment? fini!

DIOMÈDE. Je ne bois plus, je ne mange plus, je me soigne. Voyez-vous, les bons dîners, les noces, tout cela c'est de la duperie. On y laisse sa peau à ce jeu-là. (Tirant sa montre.) Cinq heures! Je vais prendre mon huitième bouillon aux herbes. Rien ne vaut cela, monsieur, rien! vous y viendrez comme les autres. Adieu, Cazenave. (Il sort.)

CAZENAVE, après un moment de silence. Il a raison.

MOI. Il a raison ?

CAZENAVE. Oui. C'est bon, à vous autres, Parisiens, cette vie de dissipation. C'est votre élément.

MOI, à part. Des injures, par-dessus le marché. (Prenant son sac de voyage.) Adieu.

CAZENAVE. Je vous retiendrais bien à dîner, si je n'avais pas aujourd'hui ma belle-mère, qui est loin d'être gaie, la pauvre femme. Mais il faudra que vous me donniez un jour...

MOI. Vraiment ?

CAZENAVE. Lorsque vous repasserez par Toulouse...

# LE PHOTOGRAPHE

La scène est chez un photographe, — célèbre, cela va sans dire, — ils le sont tous. Le théâtre représente la salle de pose ; plusieurs objectifs sont dressés çà et là, menaçants comme une batterie. Sur une estrade, un fauteuil sculpté, frangé, en velours vert ; — à côté, une colonne en bois ; — une toile de fond, figurant un paysage italien. Des livres et des vases de fleurs encombrent une table recouverte d'un tapis, qui tombe jusqu'à terre. Il est midi et demi ; le soleil boude, comme un associé mécontent. — Au lever du rideau, le photographe, habillé à l'instar d'un premier rôle de l'Ambigu, joue aux cartes avec un de ses apprentis.

L'APPRENTI. Je demande.

LE PHOTOGRAPHE. Combien?

L'APPRENTI. Quatre.

LE PHOTOGRAPHE. En voilà quatre. (A un domestique qui se présente.) Est-ce qu'il y a beaucoup de monde au salon?

LE DOMESTIQUE. Six personnes, monsieur.

LE PHOTOGRAPHE. Sont-elles inscrites ?

LE DOMESTIQUE. Oui, monsieur.

LE PHOTOGRAPHE. Ont-elles donné des arrhes ?

LE DOMESTIQUE. Oui, monsieur.

LE PHOTOGRAPHE. Fais-les attendre.

LE DOMESTIQUE. C'est qu'elles attendent déjà depuis une heure.

LE PHOTOGRAPHE. Donne-leur à feuilleter les collections, dans ce cas.

LE DOMESTIQUE. Je les leur ai données, monsieur.

LE PHOTOGRAPHE. Même la *Galerie des rois de France* ?

LE DOMESTIQUE. Même la *Galerie*.

LE PHOTOGRAPHE. Et *l'Album du Notariat* aussi ?

LE DOMESTIQUE. Ah ! non, monsieur.

LE PHOTOGRAPHE. Étourdi ! le plus beau fleuron de ma couronne ! Va vite leur faire admirer *l'Album du Notariat*. (Sortie du domestique. A l'apprenti.) Nous disons...

L'APPRENTI. Le roi.

LE PHOTOGRAPHE. Que le diable t'emporte !

L'APPRENTI. Valet de trèfle.

LE PHOTOGRAPHE. Atout... atout... Conçois-tu quelque chose à la rage qu'ont tous ces individus de faire faire leur portrait ?

L'APPRENTI. Inexplicable.

LE PHOTOGRAPHE. Il n'ont donc pas de miroir chez eux pour s'y regarder tant que cela leur plaît ! (Au domestique, qui se représente.) Encore ?

LE DOMESTIQUE. Monsieur, ce n'est pas ma faute. On se plaint.

LE PHOTOGRAPHE. Bah ! murmures flatteurs de ma renommée grandissante... Il fallait annoncer que j'étais avec les ambassadeurs du Pic de Ténériffe. Qu'est-ce que tu as à la main ?

LE DOMESTIQUE. C'est la carte d'une demoiselle qui insiste pour être introduite tout de suite.

LE PHOTOGRAPHE. Folle naïveté !

LE DOMESTIQUE. Elle prétend qu'elle vous est recommandée par M. Jules Prével.

LE PHOTOGRAPHE. Diable ! M. Jules Prével, une influence, une tête de lettre ! Passe-moi cette carte : « Mademoiselle Acacia, artiste dramatique. »

L'APPRENTI. Joli nom.

LE PHOTOGRAPHE. S'est-elle fait inscrire à l'avance ?

LE DOMESTIQUE. Non, monsieur.

LE PHOTOGRAPHE. A-t-elle donné des arrhes?

LE DOMESTIQUE. Non, monsieur.

LE PHOTOGRAPHE. Fais-la entrer. (A l'apprenti.) Toi, misérable *apprentif*, au laboratoire!

LE DOMESTIQUE. Par ici, mademoiselle.

MADEMOISELLE ACACIA. Oh! la drôle d'odeur!

LE PHOTOGRAPHE. Détestable, en effet... C'est du collodion... quelque chose d'infect, et qui s'attache aux vêtements. Il faut huit jours pour s'en débarrasser.

MADEMOISELLE ACACIA. Ah! mon Dieu!

LE PHOTOGRAPHE. N'en croyez pas un mot. — Tiens! mais je vous ai vue quelque part.

MADEMOISELLE ACACIA. Au théâtre.

LE PHOTOGRAPHE. Au théâtre, je veux bien : je ne suis pas méchant, moi. A quel théâtre?

MADEMOISELLE ACACIA. Vous savez : rue de la Tour-d'Auvergne.

LE PHOTOGRAPHE. Il y a donc un théâtre rue de la Tour-d'Auvergne?

MADEMOISELLE ACACIA. Voyons, vous n'allez pas me faire poser?

LE PHOTOGRAPHE. Si... en pied.

MADEMOISELLE ACACIA. A la bonne heure! Promettez-moi de me faire aussi bien que mon amie Clémentine.

LE PHOTOGRAPHE. Clémentine qui?

MADEMOISELLE ACACIA. Eh bien, Clémentine. Vous ne connaissez donc rien?

LE PHOTOGRAPHE. Je ne connais pas Clémentine, voilà tout.

MADEMOISELLE ACACIA. J'ai sa carte sur moi, tenez.

LE PHOTOGRAPHE, jetant un coup d'œil dédaigneux sur la carte. Cela ne sort pas de *nos ateliers*. Ensuite, mademoiselle, nous n'aurons pas beaucoup d'efforts à vous faire aussi jolie que votre amie.

MADEMOISELLE ACACIA. Vrai?

LE PHOTOGRAPHE. Surtout si vous consentez à poser dans le même costume qu'elle.

MADEMOISELLE ACACIA. C'est bien comme cela que je l'entends... dans mes costumes de théâtre.

LE PHOTOGRAPHE. De théâtre, puisque vous le voulez. Est-ce que vous en avez plusieurs?

MADEMOISELLE ACACIA. Je le crois bien! C'est moi qui joue les fées dans les revues, les lutins dans les ballets, les sylphes dans les féeries, les pages dans le drame, les jockeys dans le vaudeville...

LE PHOTOGRAPHE. Je vois cela d'ici, sans jumelles. Mais alors, vous allez entrer dans cette chambre, à côté.

MADEMOISELLE ACACIA. Pour quoi faire?

LE PHOTOGRAPHE. Pour vous habiller.

MADEMOISELLE ACACIA. Oh! il n'y a qu'à ôter.

LE PHOTOGRAPHE. Raison de plus. Vous trouverez là une toilette garnie.

MADEMOISELLE ACACIA. Y a-t-il une pomme d'api?

LE PHOTOGRAPHE. Une pomme d'api elle-même... avec une boîte à couleurs.

MADEMOISELLE ACACIA. Peste! vous faites bien les choses, vous.

LE PHOTOGRAPHE. En avez-vous pour longtemps?

MADEMOISELLE ACACIA. Trois secondes! Changement à vue! — Pourquoi cette question?

LE PHOTOGRAPHE. C'est que je vous demanderai la permission d'expédier une ou deux têtes de bourgeois, en vous attendant.

MADEMOISELLE ACACIA. Autant de têtes que vous voudrez; je ne suis pas plus pressée que cela.

LE PHOTOGRAPHE. Car je ne dois pas vous céler que je vous ai fait passer avant un secrétaire de ministre et deux agents de change.

MADEMOISELLE ACACIA. Oh! des agents de change! On les connaît tous, mon photographe. J'ai leur tableau dans ma chambre à coucher.

LE PHOTOGRAPHE. Des agents de change ou des banquiers, je ne sais pas au juste. Enfin, des gens excessivement bien. — Vous ferez sonner le timbre quand vous serez prête. (Mademoiselle Acacia entre dans une chambre voisine. Il appelle le domestique.) Domitien!

LE DOMESTIQUE. Monsieur?

LE PHOTOGRAPHE. Introduis les clients... par ordre alphabétique.

LE DOMESTIQUE. Les clients sont partis, monsieur.

LE PHOTOGRAPHE. Comment, partis? Depuis quand? Et de quel droit?

LE DOMESTIQUE. Ils se sont impatientés.

LE PHOTOGRAPHE. Bravo, c'est une réclame magnifique; ils vont se plaindre partout.

LE DOMESTIQUE. Il y en avait de furieux.

LE PHOTOGRAPHE. Je ne redoute pas la réclame au

courroux. — Pourtant, cela me gêne à l'heure qu'il est ; voilà justement le soleil qui se lève : un jour superbe ! Il faudrait utiliser ce météore, comme dirait un vaudevilliste. (Jetant les yeux sur son domestique.) Domitien !

LE DOMESTIQUE. S'il vous plaît, monsieur?

LE PHOTOGRAPHE. Ai-je fait ton portrait?

LE DOMESTIQUE. Vingt-sept fois, monsieur.

LE PHOTOGRAPHE. En vérité?

LE DOMESTIQUE. Je suis exposé à tous les coins de rue du quartier, debout, assis, tête nue, en casquette, avec mon plumeau, sans mon plumeau, avec ma culotte de peluche, de face, de trois-quarts...

LE PHOTOGRAPHE. C'est que tu as, en effet, une très-belle tête de serviteur. Allons, mets-toi là, et profitons du soleil.

LE DOMESTIQUE. Quoi ! monsieur serait encore assez bon?...

LE PHOTOGRAPHE. Oui, je serai encore assez bon. — Diables de clients !

LE DOMESTIQUE. Cela fera la vingt-huitième fois.

LE PHOTOGRAPHE. Bah ! bah ! je te retiendrai cela sur tes gages.

LE DOMESTIQUE. C'est que si cela était égal à monsieur, moi je ne tiens pas beaucoup à avoir un nouveau portrait.

LE PHOTOGRAPHE. Eh bien, je te le ferai pour rien. Dépêchons.

LE DOMESTIQUE, grognant. Mon ouvrage n'avance pas pendant ce temps-là...

MADEMOISELLE ACACIA, sortant de la chambre, en maillot et en jupe de gaze. Là, me voilà ! Suis-je bien ? (Apercevant le domestique, et riant.) C'est çà votre agent de change ?

LE PHOTOGRAPHE, embarrassé. Non, c'est mon domestique. Je faisais une étude... de queue-rouge. N'est-il pas vrai qu'il a une bonne tête de Jocrisse ? — Tu peux te retirer, mon garçon.

LE DOMESTIQUE, indigné. Jocrisse ! (Il sort.)

MADEMOISELLE ACACIA. Comment me trouvez-vous ?

LE PHOTOGRAPHE. Pas mal.

MADEMOISELLE ACACIA. Est-ce que je ne suis pas assez décolletée ?

LE PHOTOGRAPHE. Oh ! si, si.

MADEMOISELLE ACACIA. Ma jupe est peut-être un peu longue... je vais la raccourcir.

LE PHOTOGRAPHE. Non pas! non pas! Diantre! c'est déjà furieusement court comme cela.

MADEMOISELLE ACACIA. Elle est coupée sur le modèle de celle de Clémentine.

LE PHOTOGRAPHE. Ah! c'est une garantie. — Et puis, d'ailleurs, nous mettrons au bas : « Mademoiselle Acacia, dans le rôle de... de...

MADEMOISELLE ACACIA. De Trilby.

LE PHOTOGRAPHE. De Trilby... cela sauve tout. Essayons l'attitude, à présent.

MADEMOISELLE ACACIA. Je vais me mettre à cheval sur une chaise, comme Clémentine.

LE PHOTOGRAPHE. Fi! vous n'y pensez pas!

MADEMOISELLE ACACIA. Aimez-vous mieux que j'aie un pied à terre et l'autre posé sur cette table?

LE PHOTOGRAPHE. De pis en pis. Pourquoi pas tout de suite faire : *Portez armes* avec votre jambe?

MADEMOISELLE ACACIA. Tout de même.

LE PHOTOGRAPHE. Ou le grand écart?

MADEMOISELLE ACACIA. Je peux essayer.

LE PHOTOGRAPHE. Ma chère belle, ne sortons point des bornes de l'anacréontisme; laissons à Vénus sa ceinture...

MADEMOISELLE ACACIA. Laissons les roses aux rosiers. Cependant je ne peux pas rester droite comme un piquet.

LE PHOTOGRAPHE. Comme un piquet, non, mais comme un arbrisseau flexible. Voyons, montez sur ce tremplin; arrondissez le bras gauche par-dessus votre tête, d'une façon provocante; et, de votre main gauche, pincez votre jupe à la façon des danseuses espagnoles. Là! Appuyez votre tête entre ces deux branches de fer. Oui. Laissez-moi juger de l'effet à distance. Très-bien! Renversez un peu le corsage. Parfait! Est-ce assez Trilby, ô mon Dieu!

MADEMOISELLE ACACIA. Où faut-il que je regarde?

LE PHOTOGRAPHE. Du côté de la porte. Ne craignez pas de forcer l'expression. (Il va à son objectif.) Oh! que c'est bien comme cela!

MADEMOISELLE ACACIA. Dites donc, il n'est pas chargé?

LE PHOTOGRAPHE. Laissez-moi tranquille... Moins de jupe, lâchez un peu de jupe.

MADEMOISELLE ACACIA. Êtes-vous donc amusant avec votre voile noir sur la tête!

LE PHOTOGRAPHE. Pas de plaisanterie.

MADEMOISELLE ACACIA. Puis-je remuer les yeux?

LE PHOTOGRAPHE. Tant que cela vous fera plaisir; mais vous ne ferez plus aucun mouvement quand je dirai : Stope!

MADEMOISELLE ACACIA. Ne me regardez pas, vous allez me faire rire.

LE PHOTOGRAPHE. Y êtes-vous?

MADEMOISELLE ACACIA. Attendez. Il me prend une douleur au cœur.

LE PHOTOGRAPHE. Bon!

MADEMOISELLE ACACIA. Cela passe.

LE PHOTOGRAPHE. Ne parlez plus. Une, deux, trois... stope! (Quelques secondes s'écoulent.)

MADEMOISELLE ACACIA, tressaillant. Hein?

LE PHOTOGRAPHE. Chut.

MADEMOISELLE ACACIA, entre ses dents. Oh!

LE PHOTOGRAPHE, frappant du pied. Là, voilà que vous avez tout fait manquer!

MADEMOISELLE ACACIA. Écoutez donc j'avais des fourmis dans les mollets. (Elle saute à bas de l'estrade.)

LE PHOTOGRAPHE. Comme c'est agréable!

MADEMOISELLE ACACIA. Et votre branche de fer dans les oreilles, croyez-vous que c'est agréable aussi!

Et puis quoi? Nous allons recommencer, mon petit photographe, voilà tout.

LE PHOTOGRAPHE. Voilà tout! Lorsqu'il y a plus de quinze personnes qui attendent dans l'antichambre!

MADEMOISELLE ACACIA. Connu!... Fume-t-on chez vous?

LE PHOTOGRAPHE. Parbleu!

MADEMOISELLE ACACIA. Alors, passez-moi le pot à tabac.

LE PHOTOGRAPHE. C'est une idée. (Ils roulent des cigarettes.)

MADEMOISELLE ACACIA. Dites-donc, mon petit photographe, est-ce que vous me mettrez dans un grand cadre, sur le boulevard?

LE PHOTOGRAPHE. Certainement.

MADEMOISELLE ACACIA. En belle compagnie?

LE PHOTOGRAPHE. Splendide!

MADEMOISELLE ACACIA. Ah! quel bonheur! (Elle vient s'asseoir à côté de lui.) Voulez-vous être gentil, gentil, gentil?... Placez-moi à côté d'un général.

LE PHOTOGRAPHE. Un général?

MADEMOISELLE ACACIA. C'est un caprice. Clémentine est à côté d'un député.

LE PHOTOGRAPHE. On tâchera de se procurer un général. (Jetant sa cigarette.) Allons, recommençons.

MADEMOISELLE ACACIA. Déjà! que c'est ennuyeux!

LE PHOTOGRAPHE. Au fait, l'heure est bien avancée, le soleil baisse, et je suis rompu de fatigue. Remettons la séance. — Ah! la journée a été rude!

MADEMOISELLE ACACIA. Quand faudra-t-il que je revienne?

LE PHOTOGRAPHE. Eh bien, mais... ce soir... Entre dix et onze heures.

MADEMOISELLE ACACIA, pudiquement. Monsieur...

LE PHOTOGRAPHE. Je vous ferai à la lumière électrique.

# IL SAIT OU EST LE CADAVRE

## I

Tout est là : savoir où est le cadavre.

Et quand on le sait, on est le maître de la situation.

Ah! c'est une jolie langue que le parisien, et qui pour la plupart des habitants de nos fertiles provinces n'est pas sans rapport avec le tibétain. De nos jours, elle a été singulièrement enrichie par Gavarni, par les acteurs, par les ouvriers typographes et par quelques condamnés à mort.

Pourtant, il ne faut pas confondre le parisien pur avec l'argot.

L'argot crée des mots ; — le parisien se contente des mots créés; il vit en bonne intelligence avec les dictionnaires français, et ne procède que par images.

Mais quelles images!

Tropes-clowns! Métaphores plus soudaines et plus hardies que des danseuses espagnoles! Comparaisons saisies de vertiges! Hyperboles qui ont dû s'épanouir dans un coup de foudre, comme la fleur de l'aloès.

— Et adjectifs de toutes les couleurs!

Une illumination générale de la grammaire!

C'est en langue parisienne qu'on dit :

*Avoir son plumet*, — pour : être gris.

*Attraper un papillon de guinguette*, — pour : recevoir un coup de poing.

*Lâcher la rampe*, — pour : se laisser mourir.

*Avaler un enfant de chœur*, — pour : boire un verre de vin rouge.

Et *Il sait où est le cadavre*, — pour : il connaît un secret.

## II

Qu'il y ait une histoire sinistre sous ces paroles, on ne peut pas en douter. Seulement, les renseignements me manquent — ainsi que pour cette autre locution, qui m'a souvent fait rêver : « *Croquer le marmot.* »

Il est évident qu'il y a eu autrefois un marmot de croqué par quelqu'un qui s'impatientait.

Ça, revenons à notre cadavre.

Il y a des cadavres de toutes sortes et de toutes dimensions : des cadavres bien embaumés dans des cercueils de cèdre ; de jolies momies ornées de bandelettes élégantes ; des cadavres poétiques enfin, — comme la tête de cet amant qu'une femme des contes de Boccace enterre dans un pot de fleurs.

Il y a aussi des cadavres horribles, défigurés, crispés, que le coup de pelle d'un paysan expose soudainement au grand jour, et qui n'ont d'autre linceul qu'un haillon taché de sang...

## III

Francbeignet se présente chez un riche négociant.

Francbeignet a une cravate jaune et un large pantalon ; il mâche un cigare éteint.

Un garçon de bureau, qui lit le *Pays* dans un fauteuil de cuir, devant un pupitre, le toise et lui dit :

— Monsieur n'y est pas.

— Tu as vu cela, toi ? réplique Francbeignet avec un air goguenard.

Et, d'un revers de main, envoyant le *Pays* au plafond, il ajoute :

— Tu vas me faire l'amitié d'annoncer à ton maître que son ami Francbeignet a besoin de le voir sur-le-champ. Entends-tu? son cher petit Francbeignet.

Le garçon de bureau, abasourdi, se lève et accomplit la commission.

Francbeignet est immédiatement introduit auprès du négociant.

— Tu vas bien, Édouard ? lui dit Francbeignet en se jetant sur un canapé.

— Oui... Qui... Que me veux-tu ?

— Oh! presque rien.... Tu est fort bien logé ici, sais-tu ? Jolie vue... le mouvement du port... Combien paies-tu cela ?

Le négociant feint de remuer une masse considérable de papiers.

— Si tu es occupé, dit Francbeignet, je reviendrai.

— Non, non ! réplique vivement le négociant ; je suis tout à toi.

— Tes affaires vont comme sur des roulettes, à ce que j'entends répéter par tout le m onde. Je enélicite. D'ailleurs, tu mérites ton bonheur; tu as toujours été très-actif, très-habile, très...

Le négociant s'agite sans répondre.

— Où mets-tu les allumettes? continue Francbeignet, en se levant et en cherchant par la chambre.

Quand il en a trouvé une, et quand il a essayé de rallumer son tronçon de cigare charbonné :

— Ah! ça tu ne me demandes pas ce que je fais, moi? s'écrie-t-il.

— Eh bien, qu'est-ce que tu fais!

— Je suis à la tête d'une entreprise magnifique, mon cher! Je dirige une usine de décortication de haricots, à la Villette... j'anoblis le soissonnais; je réhabilite un légume estimable, en lui enlevant ce vernis de ridicule sous lequel le préjugé l'a tenu étouffé trop longtemps.

— Ah!

— La chance m'a souri à mon tour; d'ici à deux ans j'aurai deux cent mille francs. Mais pour faire face aux premières éventualités, j'ai besoin de dix mille francs... que je viens te demander, mon bon Édouard.

Le bon Édouard saute sur son siége, de façon à en rompre tous les élastiques.

— Dix mille francs! répète-t-il.

— Dix ou douze, comme tu voudras, dit Francbeignet insensible à cette expérience de galvanisme.

— Es-tu fou?

— Peut-être bien... sans le savoir.

— C'est impossible, dit sèchement le négociant.

— Oh! je suis sûr du contraire! dit Francbeignet, essuyant tranquillement du revers de la main la poussière qui est au bas de son large pantalon.

— Comment cela?

— Tu ne veux pas que je te fasse l'injure de m'adresser ailleurs, je suppose.

— Mais...

— Non, cela ne serait pas décent.

— Où veux-tu que je les prenne, ces dix mille francs? dit le négociant en levant les bras vers l'Éternel.

— Dame!... où as-tu pris les autres, répond Francbeignet.

Le négociant emprunte les tons d'un parfait à la pistache.

— Te souvient-il de nos farces d'autrefois? dit Francbeignet; que d'imagination tu avais en ce temps-là! les bons tours que tu savais inventer! Et cette certaine nuit, chez...

Francbeignet n'achève pas.

Dix billets de banque sont tombés dans sa main.

Il sait où est le cadavre.

## IV°

— Je te chasserai, maraud! glapit un petit vieillard, écumant de colère et trépignant dans un salon décoré pompeusement.

Le maraud, qui est un valet de chambre, demeure indifférent et immobile.

— Je te ferai périr sous le bâton, faquin!

Le faquin se contente de hausser imperceptiblement les épaules.

— Je te livrerai à la justice, pendard!

Le pendard ébauche un sourire et compte les boutons de sa veste.

— Va-t'en! dit le vieillard à bout de forces.

Le valet de chambre, comme s'il n'avait pas entendu, se dirige vers une armoire, et l'ouvrant, il dit :

— Monsieur le comte mettra-t-il aujourd'hui son corset bleu-de-ciel ou son corset amarante?

Le vieillard pousse un cri étouffé.

Le valet de chambre poursuit :

— Monsieur le comte a reçu ce matin deux nouvelles perruques ; laquelle des deux faudra-t-il lui essayer ?

Le vieillard va fermer la porte.

Le valet de chambre dit :

— Monsieur le comte ne se souvient plus que mademoiselle Éléonore vient le voir dans deux heures, et qu'il n'a pas encore commencé sa toilette.

Le vieillard tend vers lui ses mains suppliantes.

Le valet de chambre dit :

— Monsieur le comte oublie sans doute qu'il m'a chassé.

Le vieillard tombe à genoux...

Le valet de chambre ne s'en ira pas, il ne s'en ira jamais.

Il sait où est le cadavre.

V

Dans une des tribunes de l'hippodrome de la Marche, une jeune femme est assise. C'est une des

plus séduisantes reines d'un monde de dissipation,
d'élégance et d'amour. Elle est admirablement jolie,
admirablement vêtue. Ses yeux ont de l'esprit. Elle a
un nom aussi célèbre que ceux des chevaux qu'elle
regarde courir.

Derrière elle, mais formant un groupe à part, se
tiennent quelques jeunes gens à la mode, riant
et pariant.

Arrive un gandin au milieu d'eux, un gandin
heureux de sa personne, bruyant, chauve, portant
aux bas-côtés des joues une paire démesurée de
buissons flavescents qui semblent deux commencements d'incendie, habillé comme un garçon coiffeur
qui voudrait faire rire ses camarades, c'est-à-dire
couvert d'un paletot aussi court qu'un gilet de flanelle,
le menton scié par un col d'un métal inconnu, l'œil
clignotant, la bouche entr'ouverte.

Voici les paroles que laisse échapper ce gandin,
d'une voix singulièrement claire :

— Bonjour... bonjour... Comment va? Je viens
du pesage. On ne fera rien aujourd'hui, je l'ai dit à
Mackensie. Qu'est-ce que vous faites là? Est-ce qu'il
y a des femmes? les connaît-on? d'où cela sort-il?

Si vous voyez Jeanne, ne lui dites pas que je suis ici :
elle me cherche partout pour me casser son éventail
sur la figure. Avec qui est donc Frédéric... là-bas,
oui?.. Ce n'est pas possible, le voilà remis avec
Mathilde! A propos, avez-vous quelque chose d'arrangé pour ce soir? Je suis parti hier après le quatrième acte ; j'ai soupé avec Anna et les deux Chambuy-Roufflet; Anna a été étourdissante, elle a eu des
mots... A qui dis-tu bonjour! Bah! la petite Lucie?
elle va bien depuis cet hiver. Moi, je n'en peux plus!
je suis dégoûté des femmes, je ne veux plus qu'on
m'en parle. Je ne sais vraiment pas comment j'existe
depuis quelque temps en menant un train pareil!
Tout autre que moi serait sur les dents. Il faut avoir
une santé de fer comme j'en ai une...

Tout à coup, la jeune femme qu'il n'a pas encore
vue se retourne vers lui, en montrant un visage moqueur.

Le gandin rougit et perd la parole.

On le presse en vain de continuer, il rompt la conversation, il cesse de se vanter de sa santé de fer.

Elle sait où est le cadavre.

## VI

Le grand critique s'est enveloppé dans sa grande robe de chambre, et il s'est préparé à écrire son grand article pour son grand journal.

Un de ses amis (l'avant-dernier) entre, et se penche sur son papier.

— Quelle est la victime d'aujourd'hui ? demande-t-il.

— Une victime de troisième choix, dit le grand critique, en essayant de sourire sans se compromettre ; *un jeune !*

— De la chair fraîche ?

— Oh ! presque crue... un réaliste ! Il est temps de réagir contre une école superficielle et simplement grossière. M. Constantin Goëmon a osé m'envoyer son nouveau roman : *le Couteau ébréché, scènes de la vie d'abattoir.*

L'ami se gratte le nez.

— Je venais justement vous recommander M. Goëmon, dit-il.

— J'en suis fâché, répond le grand critique ; mais il

sera égorgé avec son propre couteau, et il n'aura que ce qu'il mérite.

— C'est pourtant un jeune homme agréable, laborieux, modeste; je le connais intimement, et j'avais espéré...

— Son roman est mauvais et obtient du succès; Goëmon est condamné.

— Est-ce votre dernier mot?

— Parbleu!

— Alors, tant pis pour vous! dit l'ami.

— Qu'entendez-vous par ces mots? demande le grand critique étonné.

— J'entends que M. Goëmon est décidé à vous rendre la pareille; il a ses entrées dans plusieurs journaux, et il peut vous faire un fort ridicule parti. Vous avez l'épiderme sensible, à ce que je crois me rappeler?

— Je l'avoue; je n'ai jamais pardonné à M. de Chateaubriand de m'avoir traité en petit garçon ; et Balzac est rayé pour moi du nombre des vivants depuis quelques plaisanteries malséantes.

— Goëmon ne vous épargnera guère.

— Bon! menaces d'enfant! quelles sont ses armes?

— Il a découvert sur les quais un péché de votre jeunesse, un petit livre burlesque, passablement compromettant, signé de vous et intitulé : *Cocorico*.

— *Cocorico !* s'écrie le grand critique ; cela est faux ! J'en ai fait rechercher et détruire tous les exemplaires.

— Pas tous, puisque Goëmon en a un ; je l'ai vu, vous dis-je.

— O mon Dieu ! murmure le grand critique.

— Et il est déterminé à en publier des extraits, dont le ton scandaleux contrastera étrangement avec la sollennité de vos articles actuels.

— Des extraits de *Cocorico !* il faut l'en empêcher !

— N'est-ce pas ?

— A tout prix !

— Alors... dit l'ami, en replaçant sous ses yeux le volume de son protégé.

Le grand critique soupire et ne répond pas.

Constantin Goëmon peut être tranquille : il ne sera pas abîmé par le grand critique.

Il sait où est le cadavre.

# LA SYMPHONIE DU BANQUET

Le grand salon des Provençaux. Une table magnifiquement servie. Soixante convives recrutés dans le Paris très-connu et très-mêlé : représentants de l'industrie, de l'art, de la dissipation. Éclairage à outrance. On vient d'annoncer que le dîner est servi ; tout le monde se place.

### Andante

— A côté de moi, monsieur Billeron. Vous, Édouard, ici, si vous voulez bien.

— Tiens, Vermot ! Il faut des circonstances comme celle-ci pour te rencontrer. Je ne te demande pas comment tu te portes. Mâtin ! le ventre d'un homme arrivé. Change donc de couvert avec Alphonse. Que nous causions, au moins.

— Vous cherchez votre nom ? Je crois l'avoir vu à l'autre bout de la table.

— Ah ! merci.

— Sept heures moins le quart ; et l'invitation était pour six heures. Comme c'est agréable !

— Qu'est-ce que ça vous fait, mon cher !

— Ça me fait que c'est jour des Italiens, et que je serai obligé de partir à neuf heures.

— Bon ! voilà Lambert. Hé ! Lambert, par ici, par ici. Il est myope comme Augustine Brohan.

— Oh ! mille pardons, monsieur, je vous ai heurté.

— Ce n'est rien.

— Lequel ? celui qui a la cravate blanche ?

— Non ; l'autre qui est chauve et qui se tourne vers nous à présent.

— Ah ! je le vois. C'est le baron de Mondénard, un homme très-distingué ; il est de tous les conseils de surveillance.

— Monsieur, il reste trois couverts inoccupés ; faut-il les enlever ?

— Non, laissez-les ; on viendra peut-être.

— Je me félicite du hasard qui m'a rapproché de vous, monsieur ; il y avait bien longtemps que je désirais faire votre connaissance.

— Monsieur... Croûte au pot ou printanier ?

— Croûte au pot.

— On a fait 68 80 ; quant aux actions de chemins de fer, calme complet. Printanier.

— Madame va bien ?

— Vous êtes trop bon. Elle va à merveille. Printanier, garçon. Elle se plaint, comme moi, de ne plus vous voir. Vous êtes rare comme les beaux jours.

— Si vous saviez combien j'ai eu d'affaires depuis deux mois ! Croûte au pot.

— Je n'ai pas cet honneur, non, monsieur. Je suis artiste.

— Ah ! artiste... peintre, peut-être ?

— Non, monsieur. Voulez-vous avoir la complaisance de me passer le menu, qui est auprès de vous ?

— Comment donc !

— J'espérais l'avoir aujourd'hui, messieurs. Il m'avait même promis de la manière la plus formelle. Mais il vient de m'écrire à l'instant pour s'excuser. Il paraît qu'il a perdu une de ses maîtresses.

— Où qu'une de ses maîtresses l'a perdu.

— Oh ! un mot ?

— Déjà ? au potage !

— Qu'est-ce que Martinet a dit ?

— Si vous craignez de vous trouver dans un courant d'air, monsieur le baron, nous pouvons changer de place.

— Du tout, du tout, je vous remercie ; je suis fort bien là.

— Ne faites pas de façons, au moins.

— Dis donc, Vermot, j'ai un voisin qui remue perpétuellement sa jambe gauche. Cela me promet de l'agrément pendant le dîner.

— Mords-le.

— Docteur, vous avez l'air inquiet. Est-ce qu'il vous manque quelque chose? Donnez donc les sauces anglaises au docteur. Pardonnez-moi, mon cher; c'est ce gros bouquet de fleurs qui m'empêchait de vous apercevoir. Otez cela, garçon; ces fleurs, oui. Là, c'est cent fois mieux comme cela ; on se voit au moins. Alphonse, je te recommande le docteur; c'est une de nos belles fourchettes.

— Dites plutôt une fourche.

— Et quel gobelet !

— Messieurs, vous me rendez confus, en vérité.

— Sauce genevoise?

— Oui, sauce genevoise.

— Je suis venu uniquement pour faire plaisir à

Gigomer, qui est mon camarade de collége ; car les grands dîners n'ont aucun attrait pour moi. La soupe et le bouilli, je ne connais rien au-dessus de cela. Voilà des kramouski qui sont délicieux.

— Musicien, peut-être?

— Non, monsieur, non. Je ne suis pas musicien.

### Scherzo

— Ce silence annonce la faim du monde.

— Martinet, vous êtes incorrigible.

— A la porte, Martinet!

— Comment appelez-vous ce vin, garçon?

— Du château-larose, monsieur.

— Çà, du château-larose? Vous voulez plaisanter sans doute. Il n'y a pas deux maisons à Paris où l'on puisse boire du château-larose. Vous comprenez bien, garçon, que ce n'est pas à moi qu'il faut conter de ces choses-là. J'ai été au Château-Larose, je sais ce qu'on y récolte.

— Oh! il est assommant, ce monsieur! Sais-tu qui c'est?

— Moi? jamais de la vie!

— Dans le principe, je ne dis pas non... Mais

Gaëte ne pouvait pas tenir plus longtemps; c'était impossible. Admettons une minute, seulement une minute, comme vous le désirez, que la solution soit entre nos mains. Très-bien ! Voilà donc la solution entre nos mains. C'est un grand pas, je l'avoue ; tout est là, je le sais. Mais après? après?

— Après, tout va de soi; l'intervention se reconstitue.

— Sur quelles bases, s'il vous plaît? Vous me feriez plaisir de me dire sur quelles bases.

— Étienne? Cinquante ans, lui? Allons donc! Étienne n'a pas plus de quarante-cinq ans. Quarante-six, au maximum. Je dois le savoir, puisque nous avons quitté Rouen tous les deux la même année. J'avais alors... dix-huit mois de plus que lui. Mon calcul est donc parfaitement juste, et je le disais bien : si Étienne a quarante-cinq ans, c'est tout le bout du monde.

— Les Bordelais s'en vont!

— Par où !

— Vois-tu, Vermot, la *Revue des Deux Mondes* est le seul endroit où l'on vous apprenne à ne pas vous compromettre. Une fois, j'y ai apporté une nouvelle commençant par : « Il faisait jour. » Je l'ai remportée parce que l'on exigeait cette variante diplomatique : « Il n'était pas impossible qu'il fît jour. »

— Je te trouve bon! Pourquoi veux-tu que je m'étonne de la vogue de ces filles-là? Je m'étonnerais bien davantage de la vogue d'une honnête femme. L'étonnement est la plus aristocratique des sensations, que diable! et je n'en suis pas prodigue.

— Brasseur est magnifique. La pièce, c'est lui; ça ne signifie rien, mais c'est sublime.

— Théâtre ou lanterne magique, pour moi, je n'y fais pas de différence. Ce sont deux arts aussi primitifs l'un que l'autre. Il n'y a qu'une question de boîte plus ou moins vaste...

— Mais Shakspeare?

— Quel admirable romancier il aurait fait!

— Cela vous serait-il égal, monsieur, de ne pas agiter ainsi votre jambe gauche? Je ne saurais vous dire à quel point ce mouvement m'est désagréable.

— Excusez-moi, monsieur ; cela est d'autant plus involontaire que, moi non plus, je ne peux pas souffrir ce mouvement chez les autres.

— Est-ce sain, docteur?

— Quoi ? ces quenelles de volaille aux truffes ? Rien de plus sain.

— Elle n'a ni gorge, ni épaules, ni cheveux. De jolies dents si vous voulez, mais voilà tout.

— Et la jambe?

— Plus qu'ordinaire.

— Eh! là-bas, dans le coin? de quoi causez-vous donc? Plus haut, s'il vous plaît!

— Messieurs, il s'agit de l'honneur d'une femme...

— Oh! oh! Ah! ah! Prrrrt! Ksss!

— Je vous ferai remarquer, monsieur le baron, que vous ne buvez pas. Votre verre est toujours plein.

— Mais vous vous trompez ; je bois énormément au contraire; vous me faites faire des excès aujourd'hui.

— La photographie, Edouard? La photographie! Attends vingt-cinq ans, et tu m'en diras des nouvelles.

— Attendre vingt-cinq ans? Je suis prêt.

— Mes amis, disons du mal des femmes autant que vous voudrez, mais n'en disons pas de l'amour. Ah! j'ai bien aimé, j'aime encore, et je sens que j'aimerai toujours, comme le troisième compagnon de la ballade d'Uhland.

— Diable ! l'heure du lyrisme a sonné ; faisons frapper le champagne.

— Moi, je n'aime plus depuis sept ans ; mais ce n'est pas ma faute, parole d'honneur ! Mon cœur est dans le *statu quo*. J'attends un coup de sympathie, sans le chercher, par exemple.

— Nous te comprenons ; tu es en congé militaire, et tu attends qu'on rappelle ta classe.

— Si nous rappelions quelques grands crus, classe de 1811 ?

— Édouard est peut-être dans le vrai.

— S'il n'est pas dans le vrai, il est à coup sûr dans le vin.

— A bas les concetti !

— Je ne me plains pas outre mesure d'avoir été souventes fois trompé par les femmes ; cela ne m'a jamais étonné, et cela m'a toujours instruit. Il arrive un âge où l'on se trouve savoir par cœur le conte de *Joconde*, sans l'avoir étudié. Après tout, c'est un charmant conte, où la jeunesse, la poésie et l'expérience font un assez bon ménage... pour le temps.

— Bah ! bah ! ta philosophie n'est qu'une duperie. A d'autres le rôle de patient ! Pour ma part, j'ai toujours eu le soin, et je l'ai encore, de rendre aux femmes blessure pour blessure, œil pour œil, dent pour dent... et ainsi de suite.

— Ainsi de suite est un mot léger. Je le fusille !

— Demandez à Lucienne, à Emma, à Armande, si elles n'ont pas gardé un douloureux souvenir de mes flèches ? Interrogez Juliette, Fanny, Olympe, Ernestine...

— Tais-toi, grand fat ; tu me fais l'effet du marchand de mort-aux-rats, avec sa perche.

— Vous dites, garçon ?

— Clos-vougeot !

— Ça, du clos-vougeot ! ça ? ça ? Montrez-moi le bouchon.

— Pardieu ! voilà un animal qui a le don de m'agacer, et je ne veux pas qu'il l'ignore plus longtemps. Monsieur...

— Tais-toi donc, Alphonse ; allons !

— Non ; c'est plus fort que moi. Monsieur... oui, vous, monsieur... c'est étonnant comme vous ressemblez à Jud !

— Comment l'entendez-vous, monsieur ?

— En bien ; oh ! en très-bien !

— Accordez-moi, monsieur, de trouver votre plaisanterie au moins singulière.

— Je vous l'accorde, monsieur.

— Allons, Alphonse, sois raisonnable.

— Comment appelez-vous donc ce monsieur, qui a le verbe si haut?

— Faisan ou bécassines?

— Bécassines, garçon ; et faisan aussi. Alors, monsieur, vous êtes sculpteur?

— Non, monsieur, je ne suis pas sculpteur.

### Allegro

— Gustave Doré est un grand peintre!

— Gustave Doré n'est qu'un dessinateur qui a de la main.

— Ah çà! on n'entend que vous, là-bas! Est-ce que vous n'avez pas encore de champagne? Garçon! prenez donc soin de ces messieurs.

— Toi?

— Moi!

— Ils prennent ça pour du champagne! J'en hausse les épaules, vraiment. De quelle marque, ce champagne, garçon? Vous allez voir ; je connais le champagne, moi. Je suis passé deux fois à Épernay. De quelle marque?

— Je ne sais pas, monsieur.

— Qu'est-ce que je vous disais?

— Bon! voilà M. Jud qui refait des siennes? Hé, monsieur Jud! Il n'y a donc que vous en France qui ayez le privilége de boire du bon vin?

— Je ne vous parle pas, monsieur.

— Je l'espère bien. Je ne vous en accorderais pas la permission.

— Qu'est-ce qu'il a dit?

— De grâce, monsieur, faites attacher votre jambe gauche; je vous en supplie!

— Comment! est-ce que je la remue encore?

— Tenez, regardez, en ce moment même...

— Tu crois que l'on fera un petit lansquenet?

— Oui, j'ai demandé à Julien. Dans le salon bleu du troisième étage. J'ai joliment besoin de me refaire.

— Messieurs... messieurs!!

— Quoi? qu'est-ce qui se passe?

— Un peu d'attention, messieurs. Martinet demande la parole. Parlez, Martinet.

— Mon Dieu, messieurs, c'est bien simple. Je crois

ne remplir ici que l'office d'un écho, en portant un toast qui est dans la bouche de tout le monde...

— Hein! Vermot, quelle littérature!

— Messieurs, à la santé de notre excellent amphitryon Julien de Gigomer!

— Bravo! bravo! hourra! A Julien! à Gigomer! à Gigomer de Julien! Hou! Psitt! Ohé! Tends donc ton verre, là-bas! Et toi, Alphonse? A Julien! au clergé! à la magistrature! à l'armée de terre et de mer! aux sénéchaleries! Non! non! A Julien, au seul Julien Au Julien des boudoirs! Vive Julien!

— Réponds, à présent, Julien..

— Tu ne peux pas te dispenser de répondre. Julien va répondre. Chut!

— Messieurs...

— Quelques paroles bien senties; vas-y, mon bonhomme.

— Messieurs et amis... je vous remercie profondément d'avoir bien voulu accepter...

— Parfait!

— Allons, c'est indécent! Silence! Taisez-vous! Ça ne se fait pas, ces choses-là! Laissez-le parler? Chut! chut!

— ... D'avoir bien voulu accepter mon accept... non, mon invitation. Vous avez prouvé une fois de plus.

— Deux fois de plus!

— Trois fois de plus!

— Quatre fois de plus!

— Zut! vous êtes tous des crétins! Je bois à la santé de Georgette. Voilà mon opinion.

— Julien n'a jamais été aussi beau que ce soir.

— Je vote un ban pour Julien.

— Adopté! Un ban pour Julien! Pan, pan, pan... pan, pan... pan, pan, pan, pan... pan!!

— Ces messieurs me paraissent un peu partis.

— Je suis de votre avis. M. de Gigomer a invité beaucoup d'artistes ; cela se voit.

— Peut-on fumer?

— Si l'on peut fumer? Je crois bien! D'abord, moi, je me trouverais mal si je ne fumais pas. Il faut que je fume avant tout.

— Laissez-moi alors vous offrir ce cigare. Sentez-moi ça. Deux ans de boîte!

— Quel vacarme!

— Tu m'ennuies ; cela me plaît ou me déplaît! Eh bien, cela me déplaît.

— Un gilet perdu !

— Non ; le champagne ne tache pas.

— Messieurs... messieurs..., on réclame un peu de silence. M. Lucien Formel va nous chanter le *Voyage aérien,* de Nadaud.

— Toujours donc? Je demande : *J'ai du bon tabac dans ma tabatière.*

— Nadaud, un charmant garçon.

— D'accord ; mais le *Voyage aérien,* j'en ai assez. C'est l'école du bon sens en ballon; Godard regrettant papa et petite sœur, et demandant: Cordon, s'il vous plaît.

— Comment! vous nous quittez, baron ?

— Masquez ma retraite. Je suis attendu à dix heures, à une séance du comité de surveillance de l'Orphelinat des casernes; vous comprenez, je ne peux pas y manquer.

— *J'ai rompu le dernier lien...*

— Ainsi, vous voulez bien me permettre, monsieur le baron, de vous faire ma petite visite, après-demain mercredi?

— Mercredi, c'est convenu. Apportez vos huit mille francs. Adieu. Avant midi ! car à midi un quart, vous ne me trouveriez plus.

— *Et dans l'immensité je plane... aane... aaaane!*

— Ah! bravo! bravo! délicieux! exquis!

— Tiens-moi les poignets ou je vais faire un malheur.

— Silence donc! Au deuxième couplet.

— Le deuxième couplet!

— Au moins, donne-moi à boire! Verse-moi quelque chose... de l'eau forte, tout ce que tu voudras... pourvu que je n'entende pas ce scélérat!

— *Bonjour mes sœurs, bonjour ma mère... èère... èèèère.*

— *Bis! bis! bis* au dernier!

— Messieurs, vous êtes priés de vouloir bien passer au salon pour prendre le café.

# EXAMEN DE CONSCIENCE

## D'UN HOMME DE LETTRES

### § I<sup>er</sup>

#### Invocation

O Vérité! déesse sans toilette et sans rouge, viens m'aider à découvrir mes fautes les plus cachées! Darde un rayon de ton miroir ovale dans l'escalier tournant de ma conscience! Fais, ô Vérité! que je retrouve l'endroit où mes pas ont trébuché, le jour où ma langue a failli, l'heure à laquelle les anges du ciel ont détourné de moi leur face! Je veux m'immoler sur ton autel, Vérité, et offrir, comme un exemple funeste à mes confrères, le tableau de mes défaillances et de mes égarements!

## § II

### Par pensées, par paroles, par actions et par omissions

Contre le prochain : Avoir émis des doutes sur la probabilité de la candidature de M. Michel Delaporte à l'Académie française.

Avoir parié que le *Vasco de Gama*, de M. Meyerbeer, ne serait pas joué avant quinze jours, ce qui peut porter un préjudice considérable aux intérêts du directeur de l'Académie impériale de musique.

Avoir détenu plus longtemps que de raison un exemplaire de *Catherine d'Overmeire* qui m'avait été prêté, et avoir de la sorte privé M. Ernest Feydeau de lecteurs plus avides que moi.

M'être endormi, — avec un billet de faveur, — aux *Troyens*.

Contre moi-même : N'avoir pas craint de me montrer en public avec une barbe et des gants de la veille, ce qui est de nature à discréditer la profession à laquelle je suis plus fier qu'heureux d'appartenir.

Avoir souvent mieux aimé relire Balzac que d'écrire pour gagner ma vie.

M'être senti profondément découragé après le succès de la reprise de *Jocko*.

Avoir donné des entorses à la grammaire. (Combien de fois?)

## III

### Sur les sept péchés capitaux

PAR PARESSE : En négligeant d'aller voir les *Rameneurs*, de M. Paul Siraudin.

En feignant une maladie afin d'être dispensé d'aller entendre M. Eugène Pelletan au Cercle de la rue de la Paix.

*\**
\**

PAR ENVIE : Avoir envié la sémillance et les bonnes fortunes d'Émile Solié.

Avoir fait semblant de ne pas reconnaître, sur le boulevard, M. Louis Énault, bien que ses riches fourrures me crevassent l'œil.

Avoir maugréé contre les trente-deux éditions des *Trente-deux duels de Jean Gigon*, en songeant à l'édition unique de mes *Mélodies intimes*.

Avoir supputé les droits d'auteur de la *Mariée du Mardi-Gras*, et être tombé dans une rêverie profonde.

*\* \**

Par avarice : Économisé quinze centimes par soirée, en n'achetant pas *le Pays*.

Refusé deux mille francs à Fernand Desnoyers.

Joué le vermouth au domino, en cent cinquante liés, avec le même, plutôt que de le lui offrir magnifiquement.

Par orgueil : M'être trouvé beau.

M'être trouvé grand.

M'être trouvé digne.

Avoir désiré immodérément la croix du Mérite d'Ernestine de Saxe.

M'être fait photographier tour à tour par Nadar, par Pierre Petit, par Disdéri, par Thierry et par Carjat.

N'avoir été satisfait d'aucune de ces épreuves.

*\* \**

Par colère : M'être laissé emporter au point de traiter M. Ernest Legouvé d'écrivain de deuxième ordre.

Avoir levé la main sur le buste de Casimir Delavigne, dans le foyer de la Comédie-Française.

Avoir envoyé des témoins à M. de La Rounat, le soir de la reprise d'*Une fête sous Néron*.

*⁎*
⁎ ⁎

Par gourmandise : Avoir cherché dans le chambertin et dans le saint-marceaux l'oubli de mes engagements sacrés envers le journal *le* \*\*\*\*\*\*\*\*\*.

Avoir fait la noce (voir le dictionnaire de M. Lorédan Larchey) avec mon ami Philibert Audebrand.

*⁎*
⁎ ⁎

Par luxure : Être allé six fois au *Pied-de-Mouton*; y avoir prêté les yeux à des danses immodestes et l'oreille à des chants dissolus.

Avoir arrêté ma pensée, en y prenant plaisir, sur la possibilité d'arriver à la conquête de Léonie Trompette.

## § IV

#### Acte de contrition

Quelle confusion pour moi de tomber toujours dans les mêmes fautes, si souvent, si facilement, et après avoir tant de fois promis de ne les plus commettre ! Ah ! que la chair est faible, l'esprit aussi, la plume aussi ! Mais aussi combien le travail de l'imagination est peu rétribué ! Il y aurait sans doute un moyen d'éviter les sources et les occasions du péché : ce ce serait de renoncer absolument à la littérature et à ses pompes. Pour ma part, je ne demande pas mieux.

# LES VÉTÉRANS DE CYTHÈRE

## § I<sup>er</sup>

### Défilé

Une nombreuse armée que celle-là !

Un cortége pour lequel ce ne serait pas assez du fusain excessif de Daumier et du crayon coquettement impitoyable du sieur Chevalier, dit Gavarni !

Des têtes ! des ventres ! toutes les obésités du Céleste-Empire ! des maigreurs à la don Quichotte ! des crânes évadés de chez les tourneurs d'ivoire ! des apoplexies cravatées de batiste ! des chairs sanglées à l'abdomen ! des rhumatismes en pantalon collant ! des bronchites faisant la bouche en cœur ! toutes les coquetteries sur toutes les infirmités ! des diamants à des doigts de squelette ! des regards en coulisse dans des yeux éraillés ! des voix insinuantes filtrant à travers des palais d'argent ! des corsets plus compliqués

qu'un drame de Bouchardy! des ressorts invisibles!
des énergies de deux heures, de trois heures, d'une nuit!

En avant, marche!

Toute la colonne s'ébranle, grotesque et douloureux spectacle, guidée par un Cupidon invalide, auquel il ne reste rien d'entier, comme un maréchal de Rantzau, — pas même le cœur!

## § II

### Entre deux pastilles de Vichy

Toute vieillesse qui n'est pas discrète m'apparaît comme une monstruosité.

Un aimable vieillard, soit; mais rien de plus.

Pas de tabatière à double fond!

Pas de gaudriole au dessert!

Pas de menton pincé, surtout!

Du moment qu'un vieillard croit aux propriétés de la truffe, aux vertus du céleri; qu'il s'adonne aux coulis incendiaires, qu'il achète une lorgnette de ballet grosse comme sa tête, cet homme entre immédiatement dans les vétérans de Cythère.

## § III

### Aphorismes et discours familiers aux vétérans de Cythère

« Je connais les femmes, Dieu merci !

« Ce n'est pas à moi qu'on peut en remontrer !

« Sur vingt femmes assiégées, il y en a toujours dix-neuf de vaincues : retiens bien cela, mon neveu.

« A la grenadière, morbleu ! voilà comment il faut les traiter !

« A ton âge, quand on est jeune et bien *tourné*, est-ce qu'on est fait pour payer les femmes ! Allons donc !...

« Cette petite brune, vois-tu, mon garçon, si je m'en étais mêlé, dans mon temps, j'aurais voulu qu'elle fût à moi dans les vingt-quatre heures.

« Eh ! eh ! un tendron de quinze ans, — il n'y a plus que cela qui puisse me réveiller aujourd'hui... »

Reprenons un à un ces blasphèmes, et exprimons-en tout ce qu'ils contiennent de sottises et d'impossibilités.

« *Je connais les femmes, Dieu merci !* »

Tu ne connais rien du tout, vieil imbécile. Est-ce qu'on connaît les femmes! est-ce qu'on connaît les hommes! est-ce qu'il y a une expérience! Si je veux bien te comprendre, connaître les femmes, cela veut dire pour toi : se méfier de toutes les femmes. Je te vois, assis dans un salon et balançant une jambe où la souffrance veille comme un perpétuel et inutile avertissement ; chaque jeune personne qui passe, — maintien réservé, front noble, œil limpide, — tu la flétris aussitôt d'un grossier soupçon. Voilà ce que tu appelles ta science, professeur d'impureté !

« *Ce n'est point à moi qu'on peut en remontrer !* »
Tu crois cela? La première pécore qui va te regarder, te sourire d'une certaine façon, et qui te jettera au nez une énorme flatterie, celle-là fera de toi tout ce qu'elle voudra, mon bon ; celle-là recommencera avec toi, scène par scène, l'éternelle comédie du baron Hulot.

« *Sur vingt femmes assiégées, il y en a toujours dix-neuf de vaincues ; retiens bien cela, mon neveu.* »

Assiéger, — faire le siége, — une femme est une citadelle, — autant d'images favorites des vétérans de Cythère, qui les ont rapportées du premier Empire ; autant de fanfaronnades, destinées exclusivement à étonner les lycéens.

« *A la grenadière, morbleu ! voilà comment il faut les traiter.* »

Même ordre d'idées, avec la brutalité en plus, quelque chose qui se rapproche du viol, la lutte, la main sur la bouche, les cordons de sonnette arrachés, un gracieux tableau !

« *Voilà comment il faut les traiter !*

A moins pourtant qu'ils ne soient traités eux-mêmes à la façon de ce prince russe, qui s'était enfermé avec sa maîtresse pour la cravacher, et qui fut cravaché par elle. A la grenadière, morbleu !

« *A ton âge, quand on est jeune et bien tourné, est-ce qu'on est fait pour payer les femmes ? Allons donc !* »

De plus en plus joli!

Il faut croire cependant que, depuis *Faublas*, les choses sont un peu changées; car aujourd'hui l'homme, si jeune qu'il soit, qui ne paye pas une femme galante, est flétri d'un nom pire que celui de voleur.

Mais les vétérans de Cythère n'y regardent pas de si près. Rien n'égale leur cruauté, quand il s'agit de faire triompher leur vanité.

Aimables vauriens! délicieux chenapans!

Canailles!

« *Cette petite brune, vois-tu, mon garçon, si je m'en étais mêlé, dans mon temps, j'aurais voulu qu'elle fût à moi dans les vingt-quatre heures!* »

Passe pour la fatuité, on en peut rire; la caricature de Potier, dans le *Ci-devant jeune homme*, est arrivée jusqu'à nous.

« *Eh! eh! un tendron de quinze ans, il n'y a plus que cela qui puisse me réveiller aujourd'hui!* »

Pour ce qui est du *tendron*, je demanderai la permission d'aborder un paragraphe spécial.

## § IV

### Du tendron et des conteurs d'autrefois

Je ferai remonter la faute jusqu'à La Fontaine et à Boccace, ces corrupteurs de tant de charme et d'esprit.

Les premiers, ils ont appelé l'innocence — *un gibier*.

Leur œuvre est pleine de moines et de fillettes, festoyant à qui mieux mieux.

Écoutez-les ; ils vous feront croire que rien n'est plus naturel, lorsqu'on rencontre Lise ou Nanette au fond d'un bois, que de — chiffonner leur collerette.

Cela s'appelle aussi de l'Anacréontisme.

Pourquoi les gardes champêtres ont-ils si peu de lecture !

Les vétérans de Cythère ont pris au pied de la lettre les préceptes de La Fontaine ; ils ont fait plus, ils les ont transformés en paroles d'Évangile. Ils seraient hommes à lire naïvement, devant la cour d'assises, pour leur défense : *Comment l'esprit vient aux filles* ou *la Clochette*.

Je parcourais l'autre jour avec stupeur un de ces recueils échappés aux loisirs d'un homme soi-disant sérieux. Je tombai sur le couplet suivant :

*A madame et à mademoiselle* N..., *qui me demandaient de les comparer au printemps et à l'été.*

> Rose, du printemps est l'image;
> Elle a sa riante fraîcheur.
> Hébé, sous son charmant visage,
> Versait le nectar enchanteur.
> Comme un bouton qui vient de naître
> Brillent ses appas séduisants.
> Puissé-je lui faire connaître
> Le doux emploi de ses quinze ans !

Pour de telles infamies débitées en vers, on n'a que des sourires et des applaudissements.

Essayez de dire la même chose en prose, toute la famille vous fera sauter par les fenêtres !

Et elle aura bien raison.

## § V

**Fresque destinée à couvrir les murs du temple de Cottyto.**

La fresque court, immense, racontant tous les caprices, toutes les inventions des vétérans de Cythère.

Il y en a qui se couvrent d'une peau de dogue et qui marchent à quatre pattes — *devant celles qu'ils aiment* — en aboyant.

Il y en a qui tendent leur chambre de noir, qui allument des cierges, qui se couchent dans un cercueil, et qui font chanter le *De profondis* — par Cydalise.

Il y en a qui s'habillent en bébé et à qui il faut absolument donner la bouillie, — sinon leurs larmes et leurs cris dureront jusqu'au matin.

Il y en a qui courent, éperdus, et qui sautent sur les meubles, poursuivis par les fanfares d'un cor de chasse.

La fresque court, immense, racontant tous les délires, toutes les habitudes des vétérans de Cythère.

Celui-ci veut rester coloriste quand même ; il se pare de plumes de paon, et le voilà qui fait la roue.

Celui-ci est ingénieux, il a de la littérature : il va trouver le matin sa bien-aimée, il lui remet un morceau d'éloquence érotique, qu'il a laborieusement composé, et qu'elle devra apprendre par cœur et lui réciter le soir.

Celui-ci apposte un domestique avec un pistolet chargé.

Celui-ci se contente de moins : d'une chevelure à natter, d'une paire de bottines à cirer...

La fresque court, immense, racontant les déviations de l'intelligence humaine, les désordres, les folies des vétérans de Cythère.

Elle se continue, tantôt compassée et minutieuse comme les séries d'Hogarth, d'autres fois sombre et malsaine comme les cauchemars de Goya.

Elle ne s'arrête ni devant les hontes, ni devant les étidités, ni devant les férocités ; — elle plonge dans l'impossible.

Nous ne pouvons la suivre.

## VI

### Le châtiment

Je veux vous dire la fin d'un vétéran de Cythère, assurément l'un des plus aimables et des plus spirituels, de Bernard, ou plutôt de Gentil-Bernard, comme l'avait rebaptisé Voltaire. A soixante-trois ans, le sémillant auteur de l'*Art d'aimer* courait encore les bonnes fortunes ; plus que personne, il croyait aux Eglé, aux Phrosine, aux Zélide, aux Delphire, aux Agatilde, aux Claudine qu'il avait chantées. Un matin qu'il sortait du boudoir de l'une d'elles, après s'y être couronné d'un nombre trop considérable de myrtes, (il est heureux que nous ayons le style mythologique pour exprimer ces choses-là), Gentil-Bernard alla se présenter au lever de madame d'Egmont. « Mon poëte, lui dit-elle, puisque vous voilà, vous allez écrire pour moi à madame de T\*\*\* et la remercier d'une invitation qu'elle m'adresse. » Bernard s'assied, mais il paraît égaré. « Eh bien, qu'avez-vous donc, mon cher Ovide ? — Madame... excusez-moi... — Comment, dit-elle, vous ne sauriez écrire ce billet ? — Madame... madame... — Vous m'étonnez ; je n'imagine pas qu'il faille votre talent pour une semblable misère. » Mais Bernard ne répond point ; la plume demeure entre ses mains ; il regarde ; la volonté l'abandonne ; il n'a plus conscience de lui-même ; il n'est pas fou, il est hébété. On le ramène chez lui.

Depuis cette heure, Gentil-Bernard n'a plus traîné qu'une existence idiote ; on le conduisait à la comédie, il n'y comprenait rien et n'y reconnaissait personne ; on lui récitait ses propres vers, peine inutile! Le poëte n'avait pas survécu à l'homme. De loin en loin seulement, il relevait sa tête appesantie, et promenant autour de lui un regard respectueux, presque craintif, il répétait comme un perroquet : « Que dit le roi?... Comment se porte madame la marquise de Pompadour? »

## § VII

### Autre variété de châtiment

Encore n'est-ce rien que cela ; c'est un exemple du genre gracieux, après tout. Mais il faut entendre un de mes amis, ancien clerc de notaire en province, raconter de sa voix calme l'histoire d'une déchéance bien autrement effrayante. Le clerc de notaire se met en route un matin pour aller communiquer des papiers de famille à M. H..., riche, très-riche propriétaire, — et vieux garçon. Il arrive devant une maison de belle apparence. Il franchit le perron. Des valets badinent entre eux, et lui répondent à peine. Il traverse des antichambres, il parcourt des salles de billard, des galeries, il ne rencontre personne. Un bruit de musique le guide cependant; il avance, il pousse une porte..., mais il la referme aussitôt, comme s'il venait d'être frappé d'un éblouissement. Le clerc de notaire a vu un spectacle indescriptible : plusieurs personnes exécutant une danse sans nom, — où M. H... se distinguait par ses bondissements.

Quinze minutes après cette vision, M. H..., froid, compassé, tout de noir vêtu, faisait mander le clerc de notaire dans son cabinet, et causait gravement avec lui d'intérêts et de procédure.

Au bout de dix ans environ, le clerc achetait l'étude de son patron et devenait notaire à son tour. En feuilletant des dossiers, il retrouvait le nom de M. H..., et, comme il avait justement besoin de sa signature, il se décida à aller lui faire une seconde visite. — La maison de campagne n'offrait plus l'animation d'autrefois; les domestiques insolents et joyeux étaient partis; il n'en restait plus qu'un, lequel hocha la tête quand le notaire demanda à parler à M. H... « Vous feriez mieux de vous en retourner tout de suite, monsieur, » lui dit-il. Il fallut que le notaire insistât. Le vieux domestique l'introduisit alors dans cette même chambre où il avait vu M. H..., dix ans auparavant, et où il l'aperçut triste, amaigri, blanchi, étendu sur un fauteuil. « Voilà, monsieur, votre notaire qui veut vous faire signer quelque chose, » dit le vieux serviteur. M. H... ne bougea pas; son regard errait dans le vague. « Monsieur, monsieur, c'est votre notaire. » Pas de réponse. « Oh! je vais bien le faire entendre! » Le domestique se dirigea vers une armoire, et l'ouvrant, il en tira une petite poupée, à laquelle il fit semblant de donner le fouet. M. H... avait suivi tous ses mouvements avec une incroyable anxiété; ses yeux lancent la flamme, ses lèvres remuent. « Eh! eh! eh! » fait-il en riant du rire du crétin.

Le notaire s'était enfui, épouvanté.

# POURQUOI
# L'ON AIME LA CAMPAGNE

## I

UN SPÉCULATEUR, marchant dans la rosée, un cigare à la bouche.

Quel bois ravissant, élégamment planté, plein d'ombre et de jeux de lumière! Je le ferai abattre.

Comme on respire ici un air pur!... Une usine serait merveilleusement placée auprès de ce cours d'eau.

Une fabrique de noir animal, peut-être.

Et ce point de vue! ce village dans le fond, tout baigné de vapeurs! ces maisonnettes cramponnées au flanc du coteau! le rose des tuiles et le bleu du ciel.

J'ai rarement trouvé de site plus pittoresque. Si le nouveau chemin de fer le coupe en deux, ma fortune est faite.

Qu'il est doux de fouler un tapis de mousse!...

UN BOUTON D'OR, à demi écrasé. Aïe! prenez donc garde!

LE SPÉCULATEUR. Excellent terrain d'ailleurs; il faudra que je le fasse étudier.

Mesurons la distance qu'il y a d'ici à la route. (Il tire un mètre de sa poche.)

UNE FAUVETTE, à un pinson. — Voyez-vous ce qu'il fait?

LE PINSON. Il marche, le dos courbé.

LE SPÉCULATEUR. Cinq, six, sept... sept mètres... et vingt-trois centimètres.

J'aime la campagne, je l'avoue.

Ce n'est plus qu'à la campagne qu'on peut encore faire des affaires.

## II

UN MALADE, au seuil d'une étable, tenant une tasse de lait, et se bouchant le nez.

Pouah! — J'aime la campagne parce qu'elle me fait du bien; mais attendez que je sois mieux portant, et vous verrez avec quel plaisir je retournerai sur le boulevard.

UN CHOU. Ingrat!

UN COCHON. Mal élevé!

LE MALADE. Des végétaux stupides! des animaux ignobles! des hommes qui vous regardent de travers, et des femmes qui disent : *J'avons!*

Voilà pourtant ce que les poëtes ne cessent de *célébrer* depuis que le monde est monde!

UN COQ. Cet infirme!

UN CANARD. Je vais l'éclabousser d'un coup d'aile.

LE MALADE. Je sais bien... le lait naturel, les œufs sortant de la poule. Parbleu! sans cela, est-ce que je consentirais à m'enterrer tout vivant?

Les médecins m'ont envoyé au vert. Je suis au vert. Je n'avais pas le choix des couleurs.

J'aime la campagne, comme on aime une maison de santé. (Il avale une tasse de lait) Pas autrement.

## III

DEUX AMOUREUX, vingt-cinq ans et dix-huit ans, brun et blonde, bras entrelacés, en forêt.

L'AMOUREUX. Je t'aime, Valentine!

L'AMOUREUSE. Paul, je t'aime!

L'AMOUREUX. Ce sentier touffu est inaccessible aux rayons du soleil. Laisse-moi dénouer les rubans de ton chapeau de paille.

L'AMOUREUSE. Tu as défait tous mes cheveux; je dois être affreuse maintenant.

UNE TOURTERELLE. Comme ils sont gentils!

LES PETITES CLOCHETTES BLEUES. Bonjour! bonjour! bonjour!

L'AMOUREUSE. Où me conduis-tu, Paul?

L'AMOUREUX. Je ne sais; mais qu'importe! Le chemin des amoureux est toujours devant eux.

L'AMOUREUSE. Alors, pourquoi quitter le chemin fréquenté?

L'AMOUREUX. Je cherche une place pour nous reposer, ma charmante.

L'AMOUREUSE. Je ne suis pas fatiguée...

LA TOURTERELLE. Par ici! par ici! l'allée à droite, en descendant vers les saules; vous trouverez ce qu'il vous faut.

L'AMOUREUX. Viens, chère belle; nous avons tant de choses à nous dire.

L'AMOUREUSE. Crois-tu?

UN COQUELICOT, à demi-voix. Mais rougis donc!

L'AMOUREUSE. Ces branches ont failli me déchirer la joue. C'est égal; c'est bien beau la campagne, n'est-ce pas, mon Paul?

L'AMOUREUX. J'aime la campagne!

ENSEMBLE. Nous aimons la campagne, parce qu'on y sent mieux son cœur battre; parce que les aveux y fleurissent naturellement sur les lèvres; parce que les serments sont faits pour être prononcés sous le ciel et dans les parfums!

Nous aimons la campagne, parce que la campagne c'est le désert. (Un bruit semblable à un baiser.)

UN LÉZARD. C'est étonnant; ceux-là ne me font pas fuir.

## IV

DES BOURGEOIS, tout en sueur, leurs habits sous le bras, ployant sous des paniers de victuailles.

Vive la campagne! Vive l'herbe! Vive les moutons! Vive la joie et les pommes de terre en fleur!

Arrêtons-nous dans cet endroit, qui nous semble très-favorable pour manger un morceau.

N'est-ce pas, madame Menesson?

N'est-ce pas, monsieur Douillard?

Avec les châles de ces dames, que nous accrocherons aux branches des arbres (pas les dames, les châles; hi! hi! hi!) nous nous préserverons du soleil.

Allons, Charlot, mets la nappe, pendant que nous allons déballer les provisions...

UNE ROSE SAUVAGE. Fi..! quelle société! D'où cela sort-il?

UN COUCOU. J'ai longtemps habité une cage, rue Saint-Denis; je crois que je reconnais une de ces figures-là.

LES BOURGEOIS. Dépêchons-nous! dépêchons-nous! Ohé! les autres, arrivez donc!

Fichtre! le pâté s'est cassé en route, et la charcuterie a crevé le papier.

C'est égal, les morceaux en sont bons.

Il n'y a pas de plaisir sans peine, la brigue-dondaine!

Nous n'avons que trois assiettes, elles seront pour les dames; honneur au beau sexe!

Quant aux verres, puisque nous les avons oubliés, ma timbale d'argent servira pour tout le monde; nous ne sommes pas dégoûtés les uns des autres.

LE COUCOU. Oui, j'en reconnais un ; voilà le passe-
mentier qui fait le coin de la rue du Ponceau.

UN BLUET. Oh! cette grosse maman qui s'assied sur
moi!... Adieu le jour!

UN HANNETON. On dit que je suis sans malice. J'ai
bien envie de me laisser choir dans leur salade.

LES BOURGEOIS. Mangeons! mangeons! mangeons!
Nous aimons la campagne, parce que la campagne
fait trouver le saucisson meilleur.

Buvons! buvons! Nous aimons la campagne, parce
que la campagne communique au vin un petit goût
*suret* qui est plein de charmes.

Vive la campagne!

LE COUCOU. Je les reconnais tous.

## V

UN HOMME BARBU, couvert d'une blouse, un gourdin
à la main, sur la route de Poissy-lès-Bestiaux.

La belle nuit! — Le ciel et la terre ne forment
plus qu'une vaste tache d'encre; la lune, ma digne
complice, s'est creusé une retraite impénétrable au
milieu des nuages épaissis.

Seules, quelques étoiles clignotantes tiennent conseil au fond de l'étang.

Mais, avant une heure, le brouillard les aura recouvertes de sa trame glacée.

La belle nuit! — Et le joli *trimar!*

UN PEUPLIER. J'ai frémi sans savoir pourquoi.

UN ROSSIGNOL. Le son de cette voix me fait peur. Distinguez-vous quelque chose?

UN LINOT. Non. Il faudrait nous procurer du feu.

UN VER-LUISANT. Du feu? Voilà!

L'HOMME BARBU. Tous les bruits s'apaisent un à un; on n'entend, par intervalles, que le vent qui s'engouffre et se débat dans les buissons noirs, et le roulement des charrettes attardées.

C'est par ce chemin creux que doit passer le riche Mancheron, qui a vendu aujourd'hui plusieurs paires de bœufs au marché de Poissy, et qui porte son argent dans sa ceinture.

J'aime la campagne.

Je l'aime surtout à l'heure de minuit, l'heure discrète, l'heure du recueillement...

UN HIBOU. Hou! Hou! Houch!

L'HOMME BARBU. J'ai cru que c'était lui... Comme ce Mancheron est lent à venir !

Pourvu qu'on ne cherche pas à le retenir au *Grand Café*. Tout serait perdu.

Mais non ; c'est un homme rangé, et qui n'a pas l'habitude de coucher hors de chez lui, — ce dont je le loue hautement.

Patientons un peu, en respirant l'air de la campagne.

J'aime la campagne.

On ne peut plus *exercer* tranquillement qu'à la campagne. (On entend le trot d'un cheval ; l'homme barbu se précipite au-devant.)

La bourse ou la vie !

## VI

UN VAUDEVILLISTE, errant dans les environs de la Celle-Saint-Cloud, l'air préoccupé.

Non, pas ici.... je serais trop en vue.

Inclinons plutôt du côté de ce petit fourré.

UN PIVERT, interrompant ses coups de bec contre un arbre. Que veut cet homme-là ?

UN MERLE. Son air n'est pas méchant.

UNE ALOUETTE. Fuyons! il a deux miroirs sur les yeux!

LE MERLE. Eh non! c'est une paire de lunettes.

LE VAUDEVILLISTE. J'aime la campagne... moi, que l'on prend pour un sceptique et pour un corrompu.

AIR de *la Famille de l'Apothicaire*.

> Comme tant de sages vantés,
> Je raffole de la campagne.
> Pour fuir l'air impur des cités,
> Souvent je me mets en campagne.
> Au théâtre, par mon effort,
> Je suis fier de mainte campagne.
> Si ce couplet n'est pas très-fort,
> Qu'on me pardonne... A la campagne!

Oh! oui, j'aime la campagne! (Jetant les yeux autour de lui.)

LE MERLE. Il tient du papier à la main.

UN MOINEAU. Moi qui ai passé mon enfance dans le jardin du Palais-Royal, je sais ce que c'est : c'est un journal.

LE VAUDEVILLISTE. Hâtons-nous; mes instants sont précieux.

Je suis seul... bien seul...

# LE
# SAMARITAIN DU BOULEVARD

*Faire du feston,*—c'est, en style bachique, vaciller sur ses jambes et dessiner avec icelles de bizarres arabesques sur le pavé des rues.

Or, dans la nuit du premier mai de cette année, le rédacteur d'un journal plus grand que nature *faisait du feston* sur le trottoir du boulevard des Italiens. Il sortait d'un banquet où le patriotisme de chaque convive avait été mesuré au nombre des toasts. M. X... (c'est le rédacteur en question) avait porté des santés à tout le monde. Aussi avait-il fini par se noyer dans son verre, entre deux et trois heures du matin...

L'état d'enthousiasme de ses collègues empêcha que de prompts secours lui fussent portés.

Il fut charrié par des flots de champagne jusqu'à la hauteur de Tortoni. Là, l'heure avancée ne permettant pas de réveiller le chef de cet établissement pour lui demander une chaise, M. X..., après s'être mis vainement à la recherche d'un banc, se décida à confier à l'asphalte le secret de sa lassitude.

Il s'assit sur le trottoir.

Il y avait une demi-heure environ que l'éminent publiciste savourait les douceurs du repos, dans l'attitude d'un homme qui prend un bain de siége, lorsque quelqu'un lui frappa sur l'épaule, en lui demandant avec intérêt — ce qu'il faisait là.

M. X... répondit vaguement par une strophe du *Lac*, laquelle clapotait dans sa mémoire pêle-mêle avec des détritus de premier-Paris.

LE PASSANT. Allons, l'ami, il faut se lever, voilà le matin... hop !

M. X... *Que le bruit... des rameurs... qui frappaient en cadence... les flots... les flots har... harm... harmon...*

LE PASSANT. C'est bon, c'est bon, je vois ce que c'est; vous avez votre *cocarde*. Eh ! mon Dieu ! il n'y a pas de mal à cela.

M. X... Ma... cocarde ? monsieur, je n'ai jamais varié.

LE PASSANT, *le prenant par-dessous les épaules.* Qui est-ce qui vous parle de cela! Voyons, tenez-vous droit; un peu de confiance.

M. X... Confiance! confiance...

LE PASSANT. Dans quel état vous avez mis votre gilet! Vous étiez avec des femmes, hein?

M. X... Sécurité! sécurité...

LE PASSANT. Ne craignez pas de vous appuyer sur moi. Là, maintenant, dites-moi votre adresse.

M. X... Pourquoi à Vincennes?

LE PASSANT. Pauvre homme! La marche va dissiper cela.

Le journaliste politique finit par se rendre aux offres affectueuses du passant : il accepta son bras, et balbutia un nom de rue, avec un numéro.

Ce n'était qu'à quelques pas du boulevard.

Tous deux se mirent en route, cahin-caha, historiant le pavé désert à la façon des merveilleux dentelliers de Belgique, l'un entraînant l'autre, celui-ci retenant celui-là, aventuriers nocturnes à la recherche de l'équilibre. Quelquefois, le nouveau bon Samaritain voulait essayer une harangue, mais un soubresaut de son compagnon le faisait sauter hors de sa période ; et force lui était alors de concentrer toute son attention sur les périls de leur itinéraire.

Enfin, on arriva. Il était temps. Le journaliste avait pris des tons verts. Sur le seuil de sa porte, il tenta de figurer un sourire et, avec mille précautions, il parvint à assembler les syllabes suivantes, qu'il proféra sans accident :

— Merci... merci. Je suis M. X***, rédacteur du journal le***. Venez me voir. Je vous donnerai des billets de spectacle... Bonsoir.

On suppose qu'avec l'aide de son concierge, M. X... réussit à gravir son escalier, dont la spirale lui parut avoir ce soir-là les proportions démesurées de la flèche de Strasbourg.

Au bout d'une semaine, l'officieux passant, venant à lire une affiche de théâtre, se souvint de l'invitation de M. X..., et alla le trouver au bureau du journal. M. X... ne le remit pas du tout, — mais pas du tout.

LE PASSANT. C'est moi, monsieur, qui, dans la nuit du premier mai, ai eu le plaisir de vous ramener chez vous.

M. X..., passant par toutes les nuances du prisme, et s'inclinant. Ah !... monsieur...

LE PASSANT. Je conçois que vous ne me reconnaissiez point ; vous étiez alors...

M. X... Oui, j'étais... je sortais de chez des amis de collège... Je vous suis d'ailleurs fort reconnaissant. Qui me vaut l'honneur de votre visite ?

LE PASSANT. Vous avez eu la bonté de me promettre des billets de spectacle.

M. X... Mais comment donc ! Tout ce que vous voudrez. Je suis aise de pouvoir être agréable à un aussi galant homme que vous. Voulez-vous des places d'Opéra-Comique, de Théâtre-Français, de Variétés ? Je suis lié avec tous les directeurs, et un simple mot de moi suffira.

LE PASSANT. Eh bien, l'Opéra-Comique.

M. X... Très-bien. Une loge, n'est-ce pas ? Oui, une loge.

Le passant se retira émerveillé. De son côté, le rédacteur en chef, que cette apparition avait un moment troublé, se rassura, et crut, par cette politesse, s'être débarrassé d'un témoin désagréable. Mais le rédacteur comptait sans la tenacité du bon Samaritain, qui revint à la charge quelques jours après, —

et puis encore, — et puis deux ou trois fois dans la même semaine.

Il objectait son goût immodéré pour l'art dramatique.

Ces visites réitérées et qui lui rappelaient un incident trivial finirent par devenir insupportables à M. X..., qui essaya de s'y soustraire. Le bon Samaritain s'en aperçut, et, un jour que le garçon de bureau lui refusait l'entrée du cabinet de la rédaction, il dit à haute voix :

— Annoncez l'homme de la nuit du premier mai !

Cette phrase mélodramatique eut son effet immédiat ; il fut introduit auprès de M. X..., et il en obtint quatre fauteuils pour le *les Bouffes-Italiens*. A l'heure qu'il est, le bon Samaritain est de toutes les premières représentations. Sa place est la meilleure de la salle.

O journalistes égarés, Dieu vous garde du bon Samaritain!

# UN RÉVEILLON

A deux heures du matin, le réveillon qu'Idoménée, peintre en renom, offrait à ses amis et amies entrait dans sa période d'exaspération joyeuse.

La table avait la beauté d'un champ de bataille, après la victoire. Je voudrais employer une comparaison moins connue; mais on n'a pas encore trouvé mieux. Ruines somptueuses, les pâtés aux plaies béantes, les terrines à moitié vidées, les gigots sanglants jusqu'à l'os, les jambons aux riches marbrures, les bouteilles à tous les coins de l'horizon — et principalement les squelettes de deux énormes dindes, sentant le Périgord à plein nez, — tout attestait que l'engagement avait été rude, la lutte opiniâtre.

A présent, les vainqueurs, c'est-à-dire les convives,

s'abandonnaient et se plongeaient dans de bruyants délires ; — c'était le *sac*, après le triomphe. Le bruit remplaçait tout et tenait lieu de tout ; on ne parlait plus, on criait, on hurlait, on aboyait, on chantait. On chantait ! Quelques invités perfides rampaient déjà vers le piano. C'était l'heure où les femmes cessent de dire à leurs amants : « Ne bois donc pas tant que cela ! »

II

Comme toujours, il y avait là un individu qui nourrissait la folle prétention de dominer l'orgie et de la diriger. Ce n'était pas Idoménée, ce n'était pas l'amphitryon ; rendons-lui cette justice. C'était le sculpteur Berhard. Je ne dirai rien du sculpteur Berhard, si ce n'est qu'il était arrivé absolument gris. — gris comme un fiacre, pour parler le langage du XVIII$^e$ siècle.

On pardonna à cet excès de zèle ; mais le sculpteur Berhard puisa dans la bienveillance générale une initiative et un entrain qui lui firent perdre toute mesure. Il se livra à des écarts que justifie à peine l'usage de la terre glaise. Il mouilla d'un baiser emporté l'épaule d'une voisine, sur laquelle il n'avait d'autres droits que ceux que la nature inscrit dans son code de feu. Il s'obstina à demander des nouvelles du bagne à un substitut miraculeusement rasé et cravaté. Jaloux de la supériorité incontestée des voyageurs de commerce, il échafauda les uns sur les autres trois cornets de champagne et but celui du milieu sans effleurer les autres. Il fit tenir deux couteaux, fichés dans un bouchon, en équilibre sur le rebord du goulot d'une bouteille. Il proposa de soulever avec les dents la table surchargée de tous les plats; repoussé sur ce point, il tenta de se réfugier dans la chorégraphie et voulut danser un pas de caractère, les yeux bandés; — mais, devant la parfaite indifférence de l'assemblée, il dut s'abstenir, par un effort de dignité.

Alors, allant s'asseoir dans un coin de l'atelier, par terre, la tête entre les doigts, le sculpteur Berhard se répandit en gémissements inarticulés, qui ne furent remarqués de personne.

### III

Ce fut à ce moment qu'une femme parla de partir. Elle s'était rappelé tout à coup qu'elle avait une robe moins fraîche que les robes des autres femmes présentes. Comment cette proposition imprévue rallia en quelques minutes la majorité, c'est ce que je ne me charge pas d'expliquer. Il y a des mots qui font fortune, sans qu'on sache pourquoi. Partir! cela sembla un plaisir nouveau à ces gens saturés de plaisirs.

— Ah! oui, partons! s'écrièrent-ils avec l'expansion de l'ingratitude.

Quelques-uns, les extatiques, les discoureurs, essayèrent de protester; ils furent entraînés par le courant.

— Il faut donc aussi que je m'en aille! soupira Idoménée. Ah! que je suis bête! je suis chez moi...

On chercha les vêtements, qui gisaient un peu partout, sur des cadres retournés, au pic des chevalets.

— Hommes de peu de foi! grommelait le sculpteur Berhard, bourgeois craintifs, miliciens urbains !

Et il fredonnait :

> Ils étaient quatre
> Qui voulaient s'esbattre;
> Ils étaient trois
> Qui ne le voulaient *pois!*

— Allez-vous-en, sycophantes, cagous et rifodés !

Racca sur vous et sur tous ceux de votre race ! Recevez ma mal...

— ... édiction ! acheva Idoménée.

— Je veux vous éclairer, continua Berhard. Parbleu ! je n'ignore pas que le dictionnaire dit : « Éclairez à ces personnes, » et non « éclairez ces personnes; » mais je ne reconnais pas l'autorité du dictionnaire. Tout être intelligent porte son dictionnaire en soi. Qui me soutiendra que je ne travaille pas à la formation de la langue ? Idoménée, un candélabre.

— Candélabre ?

— Oui ; flambeau à branches. Il me plait de reconduire ces drôles et ces pécores.

— Ah ! dites donc ! fit le substitut se regimbant.

— Tais-toi ! répliqua Berhard, l'enlaçant par la taille, tu es la reine du bal...

Le sculpteur Berhard s'était, en effet, emparé d'un candélabre ; et, à travers les plus périlleux festons, (voir l'article précédent) il se mit en devoir d'escorter les partants.

Sur le palier, un trébuchement plus accentué fit trembler sa main, et les bougies laissèrent tomber une pluie brûlante qui occasionna des cris terribles dans l'escalier.

— Bah ! bah ! cela n'est rien : du papier de soie et un fer à repasser...

Il rentra dans l'atelier.

## IV

On se compta ; on était six, six hommes, pas davantage. Encore ne fallait-il pas faire entrer en ligne de compte un photographe qui s'était trouvé mal dès les radis.

— Eh bien, six ! s'écria Berhard ; on dira plus tard les six, comme on disait les dix à Venise, les cent vingt-trois à Mazagran !... Messieurs, messieurs, mon crâne se fendille ; une idée brise mon masque étroit... Laissons ces lâches représentants d'une époque atrophiée se coucher dans leur linceul provisoire d'acajou ! Nous, derniers rejetons des grandes races, sachons demeurer debout !

— Debout ? balbutia Idoménée, oh !

— Est-ce absolument indispensable ? interrogea Célestin.

Berhard poursuivit, avec une éloquence qu'il ne

s'était pas connue jusqu'alors, et qui aurait bien étonné les sculpteurs ses confrères :

— Il nous reste des victuailles pour plusieurs jours, le bœuf fumé est en nombre, la réserve du Cliquot n'a pas donné. Messieurs, messieurs, j'ai une proposition à vous faire : enterrons-nous sous les débris de cette civilisation vermoulue; ne sortons plus d'ici; faisons chacun notre testament en faveur du dernier survivant...

— Qu'est-ce qu'il dit? demanda Émile à Célestin.

— Survivant.

— Jetons la clef de cette salle dans le torrent qui coule au bas de cette fenêtre, reprit Berhard.

— Pas de torrent, dit Idoménée.

— Tu crois?

Berhard courut à la porte, la ferma à double tour, et envoya la clef à travers les carreaux de l'atelier.

— Eh! s'écria Idoménée secoué par le bruit, je ne t'ai jamais vu comme cela. Au moins, ne casse rien.

— A présent, plus de salut! dit Berhard, la fuite est impossible. Testons!

— Testons, soit, répondit le poëte Armand : mais je ne possède rien, que puis-je léguer?

— Ta pauvreté... à la société moderne !

— Très-joli, mâchonna Célestin, très-joli et très-profond !

— Où sont les plumes ? demanda Berhard.

— Ne peut-on tester avec un pinceau ? objecta Idoménée.

— Moi, j'exige un notaire, dit Émile ; je ne crois à rien de légal sans un officier public ; et encore, e veux qu'il apporte ses panonceaux.

— Émile a raison, appuya le poëte.

— Voyons, ne perdons pas de temps à ergoter, messieurs, dit Berhard, qui était parvenu à mettre la main sur une feuille de papier et sur un crayon. Avez-vous assez de confiance en moi pour me charger de la rédaction de cet acte suprême ?

— Certes !

Berhard trempa gravement son crayon dans un pâté, et traça ce qui suit :

## V

« Nous soussignés, hommes d'art et de sentiment, victimes révoltées d'un siècle parâtre, nous avons résolu d'éteindre notre existence dans le réveillon de 1863. — 1864 nous inspire de la méfiance.

« Qu'on accuse tout le monde de notre mort !

« On cherchera peut-être les instruments de notre destruction ; si on ne les retrouve pas, c'est que nous les aurons dévorés.

« Au cas où, malgré nos prévisions et nos précautions, quelqu'un d'entre nous aurait le mauvais goût de demeurer vivant, ce papier devra le mettre en possession immédiate et absolue de tous nos biens.

« Nous ne voulons pas être plaints ; cela nous serait même particulièrement désagréable. En nous traitant de mécréants, on est certain de réjouir nos mânes ; nous en rirons doucement sous les ombrages élyséens.

« Adieu, Paris ! Nous renonçons sans effort à tes joies banales, à tes succès toujours si chèrement achetés. — En ce qui me concerne, j'avais rêvé l'Institut. S'il est vrai que les vœux d'un mourant sont sacrés, qu'il me soit permis de désigner Bonnivet pour mon successeur.

« Nous ne verrons pas l'achèvement du boulevard La Fayette, non plus que les ballons dirigeables.

« Nous permettons aux femmes qui nous ont aimés de se livrer à une abondante coupe de cheveux sur nos individus.

« Fait libre et de bonne foi, à Paris, le 25 décembre 1863. »

Lorsqu'il s'agit de faire signer cette pièce, le sculpteur Berhard se heurta à de sérieuses difficultés : le peintre Idoménée ne savait plus combien son nom comportait de voyelles ; le compositeur Célestin avait oublié son paraphe ; le poëte Armand offrait sa croix de Dieu.

— C'est égal ! dit Berhard en allant clouer au mur ce document avec un poignard. — Et maintenant, mangeons !

— Mangeons ! répétèrent machinalement les artistes.

Le festin recommença.

Mais, cette fois, ce fut le festin des ombres. Les yeux ne distinguaient plus, les mains ne sentaient plus. Emile se piquait le nez avec sa fourchette, tandis qu'Idoménée cherchait une cuisse de volaille tombée dans son gilet. Alors, il se passa quelque chose d'analogue à la retraite de Russie. De temps en temps, un convive vaincu par la fatigue penchait mollement la tête, s'affaissait sur sa chaise, et glissait sans bruit sous la table. Ils disparurent tous ainsi successivement.

Au dehors, la pluie tombait et le vent s'engouffrait dans les carrefours.

## VI

Le lendemain matin, vers dix heures, le domestique d'Idomenée, à qui son maître avait donné la permission de minuit, entra avec une seconde clef dans l'atelier et trouva les *six* profondément endormis, dans des attitudes de la décadence.

Il contempla un instant ce spectacle en silence, et murmura d'un ton narquois :

— Le meilleur tableau de monsieur !

# LES IMMORTELS

La scène se passe à l'Académie française. Les Quarante sont au nombre de vingt-huit. Un coup de sonnette du Président annonce que la séance est ouverte.

LE PRÉSIDENT.

Immortels, garde à vous! Nous sommes rassemblés
Pour donner un exemple aux écrivains troublés,
Et choisir un esprit dont la grâce lutine
Remplace ici l'auteur de *Michel et Christine*.
Le scrutin est ouvert.

M. DUPIN.

Nommez les candidats.

LE PRÉSIDENT.

Vous les connaissez tous. Jamais meilleurs soldats
Ne vouèrent leur vie à la littérature :
C'est Mazères, sorti d'une sous-préfecture :

Doucet, chef de bureau, je dis des plus charmants,
Et Cuvillier, nourri dans les commandements.

(On rit).

M. SAINTE-BEUVE.

Cela ne fait que trois.

M. VITET.

Et les autres ?

M. PONSARD.

J'observe
Que l'on oublie Autran, venu de la Réserve.

M. JULES SANDEAU.

Et Feuillet, débarqué de Saint-Lô ce matin.

M. DE FALLOUX.

Et Gratry !

LE PRÉSIDENT.

Voici l'urne, et j'ouvre le scrutin.

M. PONSARD, murmurant deux vers de Lucrèce.

Lève-toi, Laodice, et va puiser dans l'urne
L'huile qui doit servir à la lampe nocturne... .

M. LEBRUN, lisant dans un journal la liste des académiciens actuels.

Je suis toujours fâché qu'on divulgue nos noms :
On ne sait pas alors combien nous étonnons.

Chez nous trop de clarté nuit à notre prestige.

Qu'ailleurs, sur d'autres fronts, la lumière voltige;

Les ténèbres vont bien aux vieillards d'Ossian.

M. NISARD,

Votez-vous pour Doucet?

M. LEBRUN

Votez-vous pour Autran?

M. VIENNET, à part.

Autran, Doucet, ces noms sentent le romantisme,

Et je vais les frapper de mon juste ostracisme.

M. DE BROGLIE, à part.

Pas un duc! tous bourgeois!

M. SAINTE-BEUVE.

Qu'avez-vous donc, Mignet?

M. MIGNET, bas.

Comment écrivez-vous Doucet?

M. SAINTE-BEUVE.

Comme Poucet.

M. DE FALLOUX, à M. Mérimée.

Ainsi, vous revenez de voyage, confrère,

Et sans avoir passé par ma Guittanaumière! (1)

Quel malheur! vous auriez pu voir mon dernier porc;

(1) Un des domaines de M. Falloux, aux environs d'Angers.

Il surpasse tous ceux de Saintonge et d'York.

M. DE LAMARTINE, rêveur.

Deux louis! quarante francs! somme insignifiante!
Remboursable en deux ans...

M. DE FALLOUX.

Qu'est-ce qu'il dit?

M. MÉRIMÉE.

Il chante!

LE PRÉSIDENT, dépouillant le scrutin.

Je vais compter les voix de chaque concurrent :
Autran, Autran, Autran, Autran, Autran, Autran.

M. DE LAPRADE.

Bravo! la Cannebière a le pas sur le Louvre.

LE PRÉSIDENT.

Pas encore; voici ce que l'urne découvre :
Doucet, Doucet, Doucet, Doucet, Doucet, Doucet.

M. DUPIN.

Point de majorité!

M. DE LAPRADE,

Si l'on recommençait?

LE PRÉSIDENT.

Il le faut bien.

M. VIENNET.

Ceci me rappelle une fable
Que je fis autrefois dans un cas tout semblable,
Et dont le titre alors parut piquant et neuf :
*Le Cirage vernis et le Cirage à l'œuf.*
En voici le début : « Une paire de bottes,
Un jour, au boulevard, passaient, vierges de crottes
Il faisait cependant de la pluie et du vent... »

LE PRÉSIDENT.

Monsieur Viennet, plus tard ; votons auparavant.

M. VIENNET, à part.

Le goût des vers se perd dans ma belle patrie !

LE PRÉSIDENT.

Nous n'aboutirons pas ; dépêchons, je vous prie.
Huissier, distribuez les boules.

M. DE LAPRADE, à M. Patin

Oui, mon cher,
Un article excellent, dans *le Temps* d'avant-hier.
On veut qu'à l'Institut nous accordions des places
Aux femmes de talent.

M. PATIN.

Fauteuils, voilez vos faces !

LES FEMMES QUI FONT DES SCÈNES.

M. DE SACY.

Un semblable projet doit plaire à Legouvé.

M. LEGOUVÉ.

En effet; autrefois mon père l'a rêvé.
Par les femmes toujours notre âme fut ravie;
Elles jonchent de fleurs le chemin de la vie,
Et mêlent sur nos fronts, dans leurs jeux ingénus,
Aux lauriers d'Apollon les myrtes de Vénus.

M. AMPÈRE.

Soit, mais qu'à George Sand nous ouvrions nos portes,
Vous verrez des bas-bleus s'avancer les cohortes,
Et madame Ancelot, et la comtesse Dash...

M. MIGNET, bas, à M. Sainte-Beuve.

Comment écrivez-vous Autran?

M. SAINTE-BEUVE.

Avec un *h*.

LE PRÉSIDENT.

Vous n'avez pas voté, monsieur de Lamartine.

M. DE LAMARTINE, rêveur.

J'ai bien vingt mille amis...

M. NISARD.

Dans son rêve il s'obstine.

LE PRÉSIDENT.

Le scrutin est fermé. Messieurs, à votre rang.

(Lisant.)

Autran, Autran, Autran, Autran, Autran, Autran.

M. PONSARD.

Cela s'annonce bien pour lui.

M. THIERS.

Je m'émerveille
En voyant triompher l'école de Marseille.

LE PRÉSIDENT, lisant.

Doucet, Doucet, Doucet, Doucet, Doucet, Doucet.

M. JULES SANDEAU.

Toujours même chanson !

M. DE FALLOUX.

Toujours même verset !

M. PONSARD.

Cette obstination où l'on veut voir un crime,
De notre conscience est l'effort légitime,
Et c'est de notre voix faire trop peu de cas,
Que pouvoir espérer ne la disputer pas.

M. SAINTE-BEUVE, à part.

O docte prosaïsme et rime dérisoire !

### M. VIENNET.

L'incident me remet une fable en mémoire :
Il s'agit d'un corbeau dans les airs folâtrant,
Et tenant en son bec un fromage odorant.
Un renard dont le nez flaire à travers la plaine,
Survient en cet instant...

### M. DE PONGERVILLE.

    Mais c'est du La Fontaine !

### M. VIENNET.

Ah ! pardon !

### M. AMPÈRE, à M. de Lamartine.

Votez-vous ?

### M. DE LAMARTINE.

    Est-ce que j'en connais
Un seul !

### M. AMPÈRE.

Votez toujours, votez donc...

### M. DE LAMARTINE, impatienté.

     Des chenets!

### LE PRÉSIDENT.

Il n'importe, messieurs ; recommençons encore.

### M. PONSARD.

Votons jusqu'à demain !

M. NISARD.

Votons jusqu'à l'aurore!

M. THIERS.

Certes, ce n'est pas nous qui céderons d'un cran.

(Douze tours de scrutin se succèdent, amenant toujours le même résultat. Les académiciens finissent par céder au sommeil.)

CHŒUR DES DOUCETIENS, marmottant.

Doucet! Doucet! Doucet!

CHŒUR DES AUTRANIENS, de même.

Autran! Autran! Autran!

# LE
# TURC ET LE GRENADIER

## I

J'admire les magasins d'aujourd'hui, mais je regrette les boutiques d'autrefois. Je le dis comme je le pense, autant en artiste qu'en homme déjà vieillissant. Les magasins sont hauts, vastes, clairs, tant que vous voudrez ; — les boutiques étaient basses, petites, obscures ; et, malgré cela, les boutiques avaient quelque chose d'accort et d'honnête ; c'était comme une rangée de commères le long des rues. Elles prêtaient les motifs les plus pittoresques à la peinture, et la plupart d'entre elles faisaient rêver du jeune Poquelin. O mes chères boutiques !

Les magasins d'aujourd'hui sont loin de cette bonhomie ; vous chercheriez vainement chez eux quelques traces de caractère national. Ils sont construits et décorés à la façon de Pompéi mon ami, ou de l'Alhambra. Les moins riches se distinguent par des outrecuidances spéciales. Ainsi, par exemple, il n'est pas rare de lire au fronton d'un magasin puritainement peint de noir ces mots en lettres lapidaires : MODES. Pas autre chose. Que si vous essayez de plonger un regard curieux à travers la mousseline des rideaux, vous n'apercevez qu'un canapé de velours, et sur ce canapé une femme en cheveux qui lit un volume. D'ailleurs, pas le moindre chiffon. Voilà le magasin de modes d'aujourd'hui ; — combien je lui préfère la boutique de modes d'autrefois, qui offrait un si réjouissant assemblage de rubans de toutes les couleurs, et où de nombreuses jeunes filles, un œil à leur ouvrage et l'autre à la rue, étaient occupées à coiffer des *marottes* ou têtes de carton! — La *marotte*, encore une chose disparue !

## II

Je regrette les boutiques, et je regrette aussi les enseignes des boutiques. Les unes n'allaient pas sans les autres. Je parle de l'enseigne originale, allégorique, compliquée, appelant à son aide la sculpture ou la serrurerie. Je parle des *Barbes d'or*, des *Tours d'argent*, des *Chats noirs*, des *Saint-Esprit*, des

*Bons coings*, des *Paniers fleuris*, des *Puits d'amour*, des *Verts galants*, de tous ces caprices qui étaient la poésie de l'ancienne boutique. Aujourd'hui, on se passe volontiers de l'enseigne, que l'on trouve de mauvais goût; on écrit simplement : *Félix, pâtissier*, là où on aurait écrit jadis : *Au Flan couronné*. — Qui me rendra les vieilles enseignes, hélas! Il y en avait de naïves, et ce n'étaient pas celles que j'aimais le moins. Le bois y jouait un grand rôle; le bois se pliait à tous les attributs. Des saucissons en bois, balancés par le vent, invitaient à entrer chez les charcutiers; des gants en bois et des bas en bois d'une longueur interminable, disaient l'industrie des bonnetiers; les chapeliers étalaient des chapeaux en bois de diverses formes, depuis les demi-lunes démesurées des généraux de l'Empire, jusqu'aux élégants chapska des lanciers polonais.

## III

Parmi ces boutiques et ces enseignes de la vieille roche, on remarquait encore, il y a une douzaine d'années, deux débits de tabac, l'un situé rue de l'Ancienne-Comédie, — l'autre rue Fontaine, à quelques pas de la barrière Pigalle. Tous les deux avaient à leur porte une de ces statuettes en bois colorié, haute de deux pieds environ, dont la mode était fort répandue dans le dernier siècle et au commencement de celui-ci. La statuette du débit de tabac de la rue de l'Ancienne-Comédie représentait un Turc : — celle de la rue Fontaine figurait un Grenadier.

Il me faudrait un style en bois pour décrire convenablement ce Turc en bois et ce Grenadier en bois.

Le Turc de la rue de l'Ancienne-Comédie avait un turban comme tous les Turcs, une pelisse comme tous les Turcs, des babouches comme tous les Turcs ; — et, comme tous les Turcs, il fumait dans un long narghilé, avec toute la superbe et toute l'indolence que peut comporter la sculpture sur bois. Le vermillon, l'indigo et l'or étaient semés à profusion sur sa petite personne ; il rappelait les plus beaux Turcs du théâtre Feydeau ; et, tout entier à son narghilé, il ne s'apercevait pas même du rôle de portier qu'il remplissait, — tant sont grandes la majesté et l'indifférence orientales !

Le Grenadier de la rue Fontaine, d'une date plus

moderne, avait un bonnet d'ours comme tous les grenadiers, des moustaches comme tous les grenadiers, des guêtres comme tous les grenadiers ; — et, comme tous les grenadiers, il fumait dans une pipe noire. Il était d'ailleurs très-bien ficelé dans sa mignonne taille de bois, l'air crâne, la poitrine effacée, les pieds en dehors. Héros bon enfant, il ne lui déplaisait pas de monter la garde à la porte d'un bureau de tabac, après avoir vu brûler le Kremlin.

## IV

A l'époque dont nous parlons, vivait un acteur qui jouait à l'Odéon et qui demeurait à Montmartre. Ce fait paraîtra peut-être singulier, et j'avoue que je ne suis pas en mesure de l'expliquer. Je l'appellerai Restout, pour cacher son véritable nom, sous lequel il a plutôt laissé une réputation de bohême et de mystificateur que de bon comédien.

Restout descendait régulièrement tous les jours la rue Fontaine, pour arriver une demi-heure après dans la rue de l'Ancienne-Comédie. A force de faire ce trajet, il avait fini par se préoccuper extraordinairement du Grenadier, qui l'attendait chaque matin au port d'armes, comme pour le saluer, et du Turc, dont le regard oblique le suivait jusque sur la place de l'Odéon. Ces deux bonshommes en bois tenaient une place énorme dans sa vie; il en rêvait même éveillé; et le soir, en jouant la comédie, il croyait les apercevoir dans la salle, — le Grenadier au parterre et le Turc à l'avant-scène.

Un jour, avant l'heure de la répétition, Restout, qui était, comme je l'ai dit, un mystificateur, entra dans le débit de tabac de la rue de l'Ancienne-Comédie, lequel était tenu par deux vieilles gens, le mari et la femme. La femme seule se trouvait au comptoir.

— Qu'est-ce qu'il faut vous servir? lui demanda-t-elle.

— Madame, dit Restout, je désirerais acheter votre Turc.

— Monsieur plaisante sans doute.

— Non, madame, je suis fort sérieux.

— Notre Turc n'est pas à vendre, dit-elle.

— Je suis disposé à y mettre le prix que vous fixerez, continua Restout.

La marchande le regarda, et comme il s'exprimait

avec une parfaite politesse, elle appela son mari qui se chauffait les pieds dans l'arrière-boutique.

— Mon ami, voilà monsieur qui veut acheter notre Turc.

Le mari répéta machinalement sans comprendre :

— Notre Turc ?

Et lorsqu'il eut compris, il répondit sèchement, en faisant mine de rentrer dans son arrière-boutique :

— Non, non.

— J'en offre cent francs, se hâta de dire Restout.

— Nous ne vendons pas notre Turc, grommela le vieillard.

— Deux cents francs !

— Non, non.

— Deux cent cinquante !

A ce chiffre, la femme tourna les yeux vers son mari. Celui-ci, s'adressant à Restout :

— Je sais bien, monsieur, dit-il, que ce prix est au-dessus de la valeur de notre Turc; mais nous tenons à cette figure, nous y sommes accoutumés; c'est notre enseigne depuis quarante ans; tout le quartier la connaît, et il nous semblerait faire une mauvaise action en nous en séparant.

— Pourtant, trois cents francs... articula Restout.

— Mais enfin, monsieur, s'écria le marchand, pourquoi voulez-vous acheter notre Turc ?

— C'est bien simple. Je collectionne ce genre de curiosités. J'ai déjà réuni plus de quatre-vingts personnages en bois ayant tous appartenu à des bureaux de tabac. Votre Turc a sa place marquée dans mon musée, entre un Sauvage du plus beau noir et un Jean Bart assis sur un baril de poudre.

— Ah ! si c'est comme cela... murmura la femme.

Mais le mari hochait toujours la tête en signe de refus.

— Voyons, voyons, trois cent cinquante francs ! dit Restout.

La femme répéta :

— Trois cent cinquante francs ?...

— Agis comme tu voudras, dit à la fin le vieillard ; pour moi, je ne me mêle plus de cette affaire.

Et il rentra dans son arrière-boutique.

— Monsieur, reprit la femme d'un ton décidé, puisque votre désir est si vif, ajoutez encore cent francs, et le Turc est à vous.

Ce n'était déjà plus *notre* Turc, c'était *le* Turc !

— Diable ! cela fera quatre cent cinquante francs ! dit Restout.

— Oui, quatre cent cinquante francs. C'est notre dernier mot. Et encore est-ce un sacrifice que nous faisons.

— Allons !

Le marché fut conclu. Restout indiqua un domicile où l'on devait, le lendemain matin, apporter le Turc et l'échanger contre la somme convenue.

## V

Quelques heures plus tard, Restout répétait la même scène dans le débit de tabac de la rue Fontaine. Il marchandait le Grenadier. Mais là, il connut tout de suite qu'il avait affaire à un industriel sans conviction, sans superstition, incapable de s'attacher à un morceau de bois. Le sentiment n'eut donc aucune part dans ce second marché. Le buraliste, exclusivement préoccupé d'une idée de bénéfice, ne fit aucune difficulté pour vendre son Grenadier ; il aurait vendu pareillement son lit ou son comptoir ; ce n'était pour lui qu'une question de prix. A cet effet, il déploya toutes les ressources d'un esprit finaud et borné ; il exposa que ces sortes de bonshommes étaient devenus très-rares, qu'on avait cessé depuis longtemps d'en fabriquer, qu'on n'en rencontrait plus qu'en province — et encore ! que le sien était une œuvre d'art et que le bois en était extrêmement précieux. Mais si engageante que fut sa faconde, elle lui rapporta moins que la résistance attendrie du vieux couple de la rue de l'Ancienne-Comédie. La vente du Grenadier fut arrêtée à cent quarante francs.

Rendez-vous fut également pris, le lendemain, pour la livraison et le paiement.

Ces deux importantes affaires terminées, le comédien Restout rentra sans sourciller dans sa banlieue escarpée, où il eut l'heur de rencontrer le premier rôle du théâtre de Montmartre et de lui gagner trois glorias au noble jeu de billard.

## VI

Or, voici ce que, dans son imagination scélérate, avait combiné le comédien Restout :

Au débitant de tabac de la rue de l'Ancienne-Comédie il avait donné l'adresse du débitant de tabac de la rue Fontaine, — et au débitant de tabac de rue Fontaine l'adresse du débitant de tabac de la rue de l'Ancienne-Comédie.

A tous les deux il avait assigné la même heure : dix heures du matin.

En conséquence, chacun d'eux partit de chez soi vers neuf heures et demie, portant entre ses bras, celui-ci le Turc, celui-là le Grenadier.

Cela faisait se retourner et sourire quelques passants.

Celui qui portait le Turc, le vieillard de la rue de l'Ancienne-Comédie, était le plus à plaindre : il baissait la tête et marchait précipitamment ; on eût dit un Romain fuyant avec ses Lares.

La veille au soir, il avait attendu pour desceller son Turc que ses clients fussent partis, que le gaz fût éteint, que la rue fût déserte ; et, à la lueur d'une chandelle, il avait accompli cet acte, comme une chose honteuse. Sa nuit avait été sans sommeil, et, au matin, il s'était vu sur le point de reclouer le Turc à sa place. Mais sa femme lui avait rappelé la parole donnée, et il était parti en soupirant.

L'autre, au contraire, le débitant de la rue Fontaine, portait arrogamment son Grenadier, et son air semblait dire aux passants : « Riez à votre aise; moi, j'ai fait un excellent marché; je vais déposer cette marionnette chez un niais qui me l'achète six fois sa valeur! »

## VII

Une rencontre était inévitable entre les deux marchands; elle eut lieu sur la place du Carrousel. Ils entrevirent la vérité comme dans un éclair; mais ils n'osèrent pas s'interroger, et ils continuèrent leur route, après s'être croisés en frémissant d'inquiétude.

Ils doublèrent le pas. Que devinrent-ils lorsque, arrivés au terme de leur course, l'un et l'autre se trouvèrent en face d'un débit de tabac concurrent?

Le vieillard se laissa tomber — avec son Turc — sur le trottoir...

La rage dans le cœur, au bout de quelques instants, chacun d'eux reprenait le même chemin, en remportant son enseigne bafouée. On ne dit pas s'ils se rencontrèrent encore.

Toutefois est-il que la crainte du ridicule les empêcha de replacer à leur porte les bonshommes de bois. Les deux débits de tabac existent toujours;

mais où est le Turc? Qu'est-devenu le Grenadier?

J'ignore si le ciel fit de longs remords au mystificateur Restout. Je sais seulement qu'il changea son itinéraire de Montmartre à l'Odéon et de l'Odéon à Montmartre.

# MÉMOIRES D'UN HOMME

A QUI IL N'EST JAMAIS RIEN ARRIVÉ

---

### I

Je m'appelle Duval.
Je suis fils de Duval.
Et petit-fils de Duval.
Le nom de tout le monde !
Tout petit, j'ai mangé de la bouillie.
J'ai eu la coqueluche.
Le médecin a dit que cela ne serait rien.
Cela n'a rien été.
..... Voulez-vous que je continue ?

### II

Et pourquoi pas ?

Le beau mérite de raconter des événements importants dont on a été acteur ou témoin !

Il est trop facile d'exciter l'intérêt avec des batailles, des adultères, des vols, des duels, des faillites.

Mais n'avoir rien vu, n'avoir rien fait, et vouloir cependant laisser sa trace ici-bas !

A la bonne heure !

N'être rien, — et avoir l'ambition d'écrire sa vie, comme Rousseau, comme Casanova, comme madame Roland, comme Alexandre Dumas !

Parlez-moi de cela !

Voilà qui est bien plus fort !

Voilà qui est bien plus rare !

Voilà ce que j'entreprends, moi, Duval, le premier venu, — le héros de l'insignifiance.

## III

J'ai dit que j'avais le nom de tout le monde.

J'ai aussi l'air de tout le monde.

Lisez mon passe-port.

Front : moyen.

Nez : moyen.

Bouche : moyenne.

Menton : moyen.

C'est le triomphe de l'impersonnalité.

La preuve que je ressemble à tout le monde, c'est que tout le monde m'accoste plusieurs fois par jour en s'écriant : « Ah! pardon, je vous prenais pour monsieur un tel. »

Les femmes ont un mot terrible pour désigner les gens de ma figure : « Il est de ceux dont on ne dit rien. »

La nature m'a refusé jusqu'au plus simple tic.

Je suis la foule, la chose qu'on n'aperçoit que tout autant qu'elle est agglomérée.

... Voulez-vous que je continue?

IV

Ma jeunesse...

Je n'ai pas eu de jeunesse.

C'est ce qui m'attriste le plus, quand j'y songe.

A l'heure où les autres font briller leurs vingt ans au soleil comme de belles pièces d'or neuves, à l'âge où toutes les têtes ont des délires, où toutes les poitrines ont des chansons, où les yeux et les mains se cherchent dans une atmosphère d'amour, — j'étais déjà assis sur le rond de cuir de l'employé.

Or, il n'arrive rien sur les ronds de cuir.

De même que j'avais été un sage enfant, je suis resté un sage jeune homme.

Je n'ai pas eu de dettes.

Je n'ai pas eu de maîtresses.

J'ai aimé — dans les livres seulement.

J'ai regardé passer le plaisir, — de ma fenêtre, ouverte les dimanches soirs.

## V

Pendant trente ans, le front penché sur des registres verts à angles de cuivre, j'ai pu entendre s'apaiser un à un tous les battements de mon cœur.

Pendant trente ans, j'ai été la gloire de l'administion des contributions directes.

Pendant trente ans, j'ai envoyé à mes concitoyens des petits papiers blancs, verts, bleus et roses, pour les inviter à payer leurs termes échus.

Et je me suis toujours maintenu à la hauteur de cette mission.

Si je me raille un peu moi-même, c'est par amour-propre, et afin que vous ne me regardiez pas comme un être absolument vulgaire.

La vérité est que dans ces professions claustrales, où la mécanique et la routine tiennent tant de place, l'esprit finit par prendre des plis comme le corps. Un voile s'étend et s'épaissit sur l'intelligence. On n'agit plus que machinalement. La pensée s'est assoupie.

J'ai donc été de ceux — plus nombreux qu'on ne croit — qui ne pensent à rien.

## VI

Balzac a trop exagéré le drame dans les âmes d'en bas. Il les a dosées à sa mesure.

Il vous a dit à quoi pensent :

Le paysan qui chasse à la loutre ;

L'invalide qui regarde jouer au cochonnet ;

La garde malade qui remue une tisane ;

Le clerc d'avoué qui feuillette un dossier.

A mon tour, si j'avais le temps, — moi, Duval, — je vous dirais à quoi ne pensent pas :

L'épicier qui casse son sucre ;

L'expéditionnaire qui taille sa plume ;

Le valet de pied qui attend ses maîtres sous le vestibule de l'Opéra ;

La sentinelle qui baye aux étoiles.

Accoutumez-vous à regarder comme immense le nombre des individus qui ne pensent à rien.

Penser à rien, — c'est peut-être le bonheur !

A coup sûr, c'est la santé.

... Voulez-vous que je continue ?

## VII

Il me serait peut-être arrivé quelque chose si je m'étais marié.

Que l'on ne prenne pas cela pour un mot de vaudeville.

Mais je ne me suis pas marié.

Je n'ai pas osé.

Alors, le hasard s'est détourné de moi tout à fait, et j'ai été comme oublié dans la vie.

L'accident lui-même m'a dédaigné.

Pas de pot de fleurs tombant sur ma tête !

Pas de querelle au café !

Pas de montre volée !

Les voyages m'auraient bien séduit ; mais où aller ? A quelle contrée donner la préférence ? Pourquoi l'Italie plutôt que l'Espagne ? Et pourquoi pas le Frangistan.

L'indécision m'a cloué sur place.

Et maintenant, quand un désir de locomotion s'empare trop vivement de moi, j'étends la main vers les trois ou quatre rayons qui forment ma bibliothèque.

Je prends et je relis mes deux ouvrages préférés.

L'un est le *Voyage autour de ma chambre,* par le comte Xavier de Maistre.

L'autre, plus modeste encore, et sans nom d'auteur, est le *Voyage dans mes poches.*

## VIII

Mais au moins j'aurais pu, comme citoyen ou même comme simple passant, assister à quelque fait considérable, approcher ou seulement apercevoir quelque personnage fameux.

Je l'aurais pu certainement.

L'ironique destinée m'en a toujours empêché.

Un rhume de cerveau me tenait au lit lorsque éclata la révolution de février.

Quelques jours ensuite, je voulus voir M Ledru-Rollin.

Il venait de passer.

J'ai également manqué l'ouvrier Albert d'un quart d'heure.

Ce n'est donc pas moi qui projéterai jamais des lueurs sur notre histoire.

De la légende du dix-neuvième siècle, je n'ai retenu que le refrain, un seul mot, que je répète à la façon du perroquet effrayé :

— Boum !... Boum !

... Voulez-vous que je continue ?

## IX

Non. Je finis, — car la liste de tout ce qui ne m'est pas arrivé remplirait aisément cent volumes.

Il ne m'est jamais rien arrivé, — même en rêve.

D'ordinaire, cependant, la nuit est la revanche du

jour; les têtes les plus calmes s'illuminent alors de mille féeries intérieures ; un régisseur invisible vient frapper les trois coups dans votre crâne pour une comédie aux cent actes divers.

Moi, je n'ai jamais rêvé que de choses indifférentes, de mon chapeau qui s'envolait ou d'une allumette chimique qui ne voulait pas *prendre*.

Qu'ajouterai-je encore ?

« Cache ta vie, » a dit un sage. Je n'ai pas de peine à cela.

La terre me sera légère, car je n'aurai pas beaucoup pesé sur elle.

Le monde aura été pour moi une feuille de présence où je me serai contenté de signer mon nom, — mon nom de Duval.

# LE DINER DU LANCIER

I

Une belle arme, la lance !

De beaux hommes, les lanciers !

La lance ! droite, reluisante, effilée, haute, avec un joli drapeau qui claque au vent !

Les lanciers ! les moins farouches de tous les cavaliers, coiffés élégamment, cambrés en selle, riants et rapides !

J'ai l'honneur de connaître un lancier, un ancien lancier, et de déjeuner quelquefois avec lui dans un café du boulevard.

A toutes les qualités de l'homme du monde et du militaire en retraite, ce lancier joint un appétit considérable.

Sa lance s'est changée en fourchette.

## II

— Vous souriez de ma fière prestance à table, — me dit-il l'autre matin, après avoir exterminé une plantureuse entre-côte; — et vous avez raison de sourire.

» Je vous souhaite de portez un jour vos soixante ans comme je porte les miens.

» Et cependant, ce que je suis n'est rien en comparaison de ce que j'ai été.

» Je parle du temps où j'avais l'honneur de servir dans les lanciers...

» Garçon ! qu'est-ce que vous allez nous donner maintenant?

» Dans ce temps-là, j'avais, comme à présent, cinq pieds huit pouces, bonne mesure. J'étais maigre, et je dévorais. Il ne me fallait pas moins de neuf livres de pain par jour; neuf livres, oui, monsieur.

» Ajoutez à cela que mon gousset était assez mal garni.

» Et vous comprendrez qu'une fois je me sois laissé aller à manger un Saint-Michel.

— Un Saint-Michel? répétai-je, ébahi.

— Tout entier... avec son dragon.

— Contez-moi donc cela.

— Volontiers, mais après les légumes, répondit judicieusement le lancier.

## III

Après les légumes, le lancier commença :

— C'était en 1818.

» De l'histoire, monsieur, de l'histoire !

» Je venais de passer un congé dans ma famille, aux environs de Rouen.

» La veille de mon départ, mon père me donna une lettre pour un de ses amis avec lequel il avait fait les campagnes de la Hollande, sous Pichegru, et qui habitait Gisors, où je devais m'arrêter.

» Gisors, charmante petite ville, située dans le département de l'Eure, renommée pour ses filatures et ses fabriques d'étoffes; 3,500 à 4,000 habitants.

» Je pris la lettre; et, le lendemain, une diligence de passage me débarqua à Gisors.

» Monsieur, je ne sais pas quel effet produit sur

vous la diligence, mais elle me creuse littéralement l'estomac, à moi.

» Le trajet m'avait mis sur les dents.

» Et comme c'était précisément l'heure de la *dînée* pour les voyageurs de la diligence, — qui avait sa destination plus loin, — j'entrai à l'auberge du *Soleil d'Or* où la table d'hôte était servie.

» Je crus cependant devoir m'informer à demi-voix auprès d'une servante :

» — Combien coûte le dîner ici ?

» — Trois francs, me répondit-elle, et trois francs dix sous avec le café.

» — Voilà mon affaire, pensai-je.

» Et je m'assis.

## IV

» Je m'assis.

» Ne me faites pas répéter.

» Je m'attablai modestement, sans en avoir l'air, comme quelqu'un qui accomplit une chose toute simple, à côté des autres voyageurs, en disant à mon voisin de droite :

» — Pardon, monsieur !

» Et à ma voisine de gauche :

» — Pardon, madame!

» On ne se serait douté de rien.

» Ah! il faut être juste : la table était bien servie.

» Pour Gisors, c'était superbe!

» Il y avait de tout : poissons, entrées chaudes et froides, hors-d'œuvre (je raffole des hors-d'œuvre; cela doit vous paraître singulier, n'est-ce pas?), pâtés, rôts, blanc-manger…

» Et tout cela était sur la table à la fois, dans des plateaux, sur des réchauds, à la portée de chacun, parce que les voyageurs ne pouvaient disposer au plus que de vingt-cinq minutes, et qu'il leur fallait se hâter à cause du proverbe : « La diligence n'attend pas. »

» Les voyageurs, à qui ce programme était connu, mangeaient gloutonnement et au hasard.

» C'était horrible à voir.

» Pouah !

» Moi, j'y mettais plus d'ordre et de discernement. Voulant épargner de l'embarras aux servantes, j'attirais à moi la plupart des plats et je les nettoyais avec une conscience véritablement exemplaire.

» Il arrivait de temps en temps que maintes bouteilles étaient, de ma part, l'objet d'une méprise ; mais avec quelle bonne grâce, reconnaissant mon erreur, je disais à ma voisine de gauche :

» — Pardon, madame !

» Et à mon voisin de droite :

» — Pardon, monsieur !

## V

» On commença à m'apercevoir et à s'inquiéter de moi vers la fin du premier service.

» Ce ne fut d'abord qu'un léger murmure.

» — La fille ! dit un gros fermier rougeaud, où sont donc les foies de veau sautés ?

» — Dame ! répondit-elle en me désignant, c'est monsieur qui les a finis.

» Elle aurait pu dire aussi bien que c'était moi qui les avait commencés.

» — Mademoiselle, voulez-vous me faire passer les navets au beurre ? disait une vieille dame.

» — Les navets au beurre ?...

» Et la servante s'arrêtait en me regardant.

« J'avais la tête penchée sur mon assiette.

« Et je mangeais toujours.

« Je mangeais sans affectation et sans honte.

« Je mangeais de bon cœur, comme on dit chez nous.

« Une jolie table d'hôte, ma foi !

## VI

« — Allons, messieurs les voyageurs, en voiture, s'il vous plaît ! en voiture !

« Puisque vous êtes allé en diligence, vous connaissez ces fatales paroles ; elles sont toujours accueillies par un sourd grognement de révolte et de résistance.

« On obtient quelquefois cinq minutes de répit.

« Mais bientôt la même voix, la voix du conducteur, s'élève plus sévère, plus pressante :

« — Allons, messieurs, en voiture ! en voiture !

« Les voyageurs se lèvent alors, jetant un regard de regret sur le dessert à peine entamé.

« Les choses se passèrent ainsi à Gisors.

« Avec cette différence que, moi, je ne bougeai pas de ma place.

« Tous mes soins étaient appliqués à la destruction d'un fromage de Livarot.

« J'adore le Livarot !

« Le maître de l'auberge, qui était déjà entré sous divers prétextes et qui m'examinait avec inquiétude, vint me frapper sur l'épaule en disant :

« — Eh bien, jeune homme, vous n'entendez donc pas ?

« — Quoi ? fis-je la bouche pleine.

« — La voiture va partir.

« — Oh! moi, je ne pars pas, répondis-je avec candeur.

« Et, étendant le bras, je groupai devant moi les plats du dessert.

## VII

« — Desservez ! desservez ! cria l'aubergiste du *Soleil d'Or* à ses gens.

« Ce fut un combat désespéré.

« Nous luttions de vitesse, eux pour ôter, moi pour retenir.

« Pendant que d'une main je me cramponnais à un

saladier de fraises, de l'autre j'atteignais une assiette de macarons.

« La victoire leur resta.

« Malédiction !

« Il n'y eut plus sur la table que la nappe, deux vases de fleurs, et, entre ces deux vases de fleurs, une énorme pièce de pâtisserie fort compliquée.

« Un objet d'ornement !

« Une chose faite pour l'œil !

« Cette pièce, qui figurait une espèce de montagne, était surmontée d'un groupe colorié représentant l'archange saint Michel terrassant un dragon et le perçant de sa lance.

« La lance, c'était ma partie.

« Les domestiques étaient sortis d'un air narquois, me laissant seul dans la salle.

« Seul, c'est-à-dire en tête-à-tête avec le Saint Michel.

« Évidemment ils étaient sans méfiance.

« Ce Saint-Michel me troublait et m'agaçait.

« J'aurais voulu ne pas le voir.

« Je comprenais bien qu'il était là surtout pour la parade, pour le spectacle.

« Mais, d'un autre côté, je me disais que si l'on fait des pâtisseries, c'est pour qu'elles soient mangées.

« Et que le dineur a droit de consommation sur tout ce qui se trouve sur la table.

« Mon hésitation ne dura que quelques minutes.

« Je fis taire mes scrupules.

« Je me penchai, et je portai une main sacrilége sur le Saint-Michel.

## VIII

Le lancier continua :

— Je dois ce témoignage à la vérité d'avouer que cet archange était effroyablement dur ; les parties de massepain en étaient absolument desséchées ; bref, ce n'était pas bon.

« Pas bon du tout !

« Mais j'avais faim.

« L'aubergiste du *Soleil d'Or* entra justement comme j'achevais la ruine de cet édifice.

« La stupéfaction le rendit immobile.

« — Mon Saint-Michel ! s'écria-t-il.

« — Quelque chose de fameux, murmurai-je.

« Et me dirigeant vers lui, qui demeurait les yeux

fixés sur mon assiette entièrement dépourvue de vestiges, je lui mis dans la main le prix de mon dîner, c'est-à-dire une pièce de trois francs.

« Ce que nous appelions autrefois un petit écu.

« Et je sortis fièrement.

« Il me regarda partir...

## IX

« A peine avais-je fait trois pas dans la rue que je revins vers lui, afin de savoir l'adresse de cet ami de mon père pour lequel j'avais une lettre de recommandation.

« — M. Mauprat? me répondit-il bourrument, c'est le cafetier de la place; mais je ne vous conseille pas de vous présenter chez lui aujourd'hui; toute la maison est sens dessus dessous.

« Et l'aubergiste me tourna le dos.

« Je ne jugeai pas à propos de faire mon profit de son avis désobligeant; j'allai au café de la place, qui était fermé en effet.

« Mais, en tournant autour de la maison, je trouvai une porte; je montai. Une grande agitation régnait dans l'escalier que remplissait une foule de personnes très-bien mises; et j'eus quelque difficulté à être introduit auprès de M. Mauprat, qui me parut lui-même très-affairé.

« Cependant, lorsqu'il eut lu la lettre de mon père il m'embrassa cordialement, en me disant :

« — Parbleu! vous ne sauriez arriver plus à propos : je marie ma fille aujourd'hui ; vous allez être du dîner.

## X

« — Mais, objectai-je timidement, c'est que je viens de dîner à table d'hôte.

« — Bah! bah! s'écria-t-il, ces dîners de table d'hôte, est-ce que cela tient au ventre ? D'ailleurs venez par ici.

« Et me prenant le bras, il me conduisit vers un placard, d'où il tira une bouteille d'eau-de-vie et un grand verre, qu'il remplit jusqu'aux bords.

« — Avalez-moi cela, me dit-il, et vous aurez bientôt oublié votre dîner.

« Avait-il tort? avait-il raison ?

« Toutefois est-il qu'après avoir bu je me laissai

placer à une immense table en fer à cheval, au milieu d'une centaine d'invités.

« Les parfums d'une soupe homérique achevèrent de me faire perdre la mémoire ; et, lorsque le bouilli se présenta, je m'en servis moi-même une énorme tranche en contre-fil.

## X

« — Comme vous venez tard, cher ami ! dit derrière moi M. Mauprat à un nouvel arrivant.

« — Ne m'en parlez pas ! j'ai été retenu jusqu'à présent par un animal, une espèce d'anthropophage... Un peu plus, il engloutissait ma table et mes chaises.

« A cette voix, je me retournai, et j'aperçus l'aubergiste du *Soleil d'Or*.

« Il me reconnut, et pensa défaillir en me voyant aux prises avec le bouilli.

« — Qu'avez-vous ? lui demanda M. Mauprat.

« — C'est lui ! dit l'aubergiste d'une voix étranglée.

« — Qui, lui ?

« — Celui qui a mangé mon Saint-Michel.

« On le plaça à côté de moi ; et pendant tout le

festin, il ne cessa de pousser des exclamations d'étonnement en me regardant.

« Je finis par ne plus m'occuper de cet imbécile et par faire honneur au repas, qui fut magnifique comme la plupart des repas de noce en province.

« Vous en savez quelque chose, vous aussi, mon gaillard.

« Et maintenant que je vous ai conté l'histoire du grand Saint-Michel, à votre santé !

Une belle arme la lance !

De beaux hommes, les lanciers !

# L'AMI DES ACTEURS

## I

Tout enfant, lorsque ses petits camarades, animés d'un noble enthousiasme, suivaient, en marquant le pas, la musique des régiments, lui demeurait planté, pendant des heures entières, devant les affiches de spectacles.

Il épelait les noms des acteurs :

A, r, ar, n, a, l, nal ; Arnal.

B, o, u, bou ; t, i, n. tin ; Boutin.

C, a, ca ; c, h, a, r, char ; cachar ; d, y, dy ; Cachardy.

Et ainsi de suite depuis A jusqu'à Z, depuis les Funambules jusqu'à la Comédie française.

Ce fut de cette façon qu'il apprit à lire.

## II

Le reste de son éducation s'acheva sur le trottoir de l'ancien boulevard du Temple, entre les marchands de coco et les marchandes de sucre d'orge. Posé là dès quatre heures de l'après-midi, il voyait arriver un à un les acteurs se rendant à leurs théâtres, et il recueillait des observations du genre de celle-ci :

— Tiens ! M. Francisque a une redingote neuve !

— Mademoiselle Léontine ne sera jamais prête pour son entrée; elle ne sera trompée d'heure, bien sûr !

Le soir, après la représentation, il ne manquait jamais, avec quelques fanatiques de son espèce, d'aller attendre la sortie du premier rôle, pour lui faire une ovation et l'escorter jusqu'à son domicile.

Ce fut une heure mémorable dans son existence d'enfant que l'heure où il osa dire à M. Albert, qui venait de jouer *Atar-Gull* :

— Monsieur Albert, voulez-vous que je porte votre parapluie ?

Et où M. Albert daigna lui accorder cette faveur.

### III

Oh ! marcher derrière un acteur !

Quel bonheur c'était pour lui !

Quelle émotion il éprouvait à se dire ceci, — ou à peu près, — en le suivant :

— Cet homme qui n'a l'air de rien, qui va, les mains dans ses poches, qui est habillé comme vous et moi, et dont la chaussure commence même à s'user, c'est d'Artagnan, c'est le duc de Villaflor, c'est Cartouche, c'est Monte-Cristo, c'est Ruy-Blas, c'est le maréchal de Saxe, c'est Salvator Rosa! Tout à l'heure, cet homme quittera son pantalon à carreaux et son paletot noisette; il s'habillera de soie et de velours; son valet de chambre lui passera au cou le collier de la Toison-d'Or! Tout à l'heure, l'homme que voici et que personne ne regarde, sera acclamé par une foule immense accourue exprès pour le voir; les mains battront à son aspect; les esprits voleront au-devant de lui! Tout à l'heure, cet homme, que chacun coudoie sans lui demander excuse, et à qui la première grisette venue dirait en ce moment : « Passez votre chemin ! » cet homme tiendra toutes les femmes haletantes sous sa parole; elles le trouveront beau, elles lui jetteront des fleurs, et il n'en est aucune qui ne souhaitera d'être aimée par lui! Il se roulera dans le crime et dans l'orgie; il escaladera des murailles, il enlèvera des jeunes filles, il soustraira des testaments, il se battra en duel, il deviendra fou, il assistera à des ballets, lui, ce passant, cet homme si simple et si calme d'allures, l'homme dont j'emboîte le pas !

Oh ! marcher derrière un acteur !

## IV

Devenu jeune homme, il se décida, après bien des timidités et des hésitations, à franchir la barrière qui le séparait des acteurs et à entrer dans leur intimité.

Entrer dans l'intimité des acteurs, c'est entrer dans leur café.

Il choisit, pour commencer, le plus modeste, le café Achille, qui était surtout fréquenté en ce temps-là par les pensionnaires du Petit-Lazari; il alla s'asseoir non pas à la place de tout le monde, parmi les consommateurs ordinaires, mais dans l'endroit réservé aux acteurs, dans le coin des acteurs, à la table des acteurs, sur le divan des acteurs.

Je me doute que le cœur lui battit d'une violente sorte à cet acte d'effrayante audace.

Un gros homme, qui fumait la pipe, le regarda d'un air étonné, et lui dit :

— C'est la place de Saint-Prosper.

Il se recula respectueusement; et, quand, cinq minutes après, il aperçut Saint-Prosper, il prit texte de sa tentative d'usurpation pour lui offrir une canette de bière de Strasbourg.

Le gros homme en eut sa part.

Tels furent les commencements de l'ami des acteurs.

## V

L'ami des acteurs a employé plusieurs années pour arriver du café Achille, cette ombre, au café des Variétés, cette splendeur, — en passant par le café de la Gaîté, par le café du Cirque, par tous les cafés dramatiques, sans compter les caboulots.

Aujourd'hui, il est arrivé.

Ce que cela lui a coûté de canettes, je ne dirai pas que lui seul le sait; mais il y aurait de quoi mettre à flots trente galiotes avec leur équipage hollandais.

Il est arrivé! c'est-à-dire il connaît tous les acteurs, une armée! depuis les généraux jusqu'aux simples soldats, et les tambours, et les cantinières; il a barre sur eux, il a le droit de les apostropher dans la rue, de leur taper sur le ventre, de les arrêter par un bouton d'habit, de leur demander des billets de faveur, de leur donner des conseils, de faire leur partie de domino!

Les connaissant, il a pris insensiblement leurs manières, leurs habitudes, leur costume; il est rasé de bleu; il boit l'absinthe à trois heures, il dîne à quatre.

Il leur a emprunté leur langage, en l'outrant et en l'employant à contre-sens.

Il appelle mademoiselle Boisgontier la *Bois-bois*.

Il trouve à Gourdin du *galoubet* (une bonne voix).

Il déplore qu'on n'ait donné à Omer qu'un rôle de *cent cinquante* (lignes).

Il dit d'une pièce ennuyeuse qu'elle est *crevante*.

Il déclare que Deshayes est un *bénisseur*;

Et que Montdidier *colle des affiches*, c'est-à-dire qu'il joue, les mains étendues (1).

---

(1) L'ami des acteurs aura beau faire avec son demi-argot, il n'approchera jamais de la puissance d'expression des deux titis que j'ai entendus l'année dernière.

Ils sortaient du Théâtre-Français, où l'on venait de jouer *le Verre d'eau* et *la Joie fait peur*.

Un de leurs camarades les accoste et leur demande ce qu'ils ont vu.

— *Le Glacis de lance* et *la Rigolade* f... *le taf*, répondent-ils.

(*Note de l'auteur.*)

Ses façons de complimenter n'appartiennent à aucun vocabulaire et sont pleines de contorsions :

— Non, vois-tu, tu m'as fait plaisir... Non, ça y est, c'est complet... Non, tu crois peut-être que je blague... Non, parole d'honneur ! tu ne sais pas tout le bien... Non, mais tu es *d'un nature*...

## VI

Voulez-vous le voir dans son élément ?

Voulez-vous le surprendre en plein rayonnement et en pleine extase ?

Allez au café des Variétés, et, dans la partie vitrée, regardez cet homme à l'œil mobile, à la bouche pleine de sourires, qui se tient debout, afin de se transporter plus promptement d'un groupe à un autre. C'est lui. Il cause avec tout le monde, disant bonjour ou *adieu*, à la bordelaise ; reconduisant ceux qui partent, encombrant le seuil, empêchant le service. Il se précipite au-devant d'Alexandre Michel, qui ne l'aperçoit pas ; il secoue la main de Parade, droit, roide, indifférent ; il interroge Munié, aux petits yeux clignotants et attendris ; et Munié, qui est bon comme le bon pain, lui répond avec sollicitude. Il parle canut à Berthelier; à Raynard, il dit : « La claque! la claque! » Par-dessus le nez de Grenier, il cherche à distinguer Colbrun, son cher Colbrun. Bien qu'occupé dans le café, il a cependant un œil sur le boulevard. Crosti passe, imposant comme un treizième César ; il le hèle d'un *psit* amical; il salue également du geste Dieudonné et Blaisot. Il fait rapporter de la bière, et trinque avec Ballard; il ne dédaigne pas la compagnie de Ballard, parce qu'il y a toujours quelque chose à gagner dans la conversation des personnes sensées. Mais Bache l'inquiète et l'offusque avec ses grands saluts, ses courbes cérémonieuses, ses obséquiosités, son nez et son œil questionneurs, ses lèvres pincées et son habitude de faire répéter : « Monsieur me fait l'honneur de me dire?... Monsieur m'a adressé la parole? » Il aime mieux la brusquerie militaire de Christian, qui, vêtu de noir, boutonné jusqu'au menton, la poitrine effacée, lui crie d'une voix exercée au commandement : « Vas-tu te taire, crétin! Quel grelot, mes enfants! Asseyez-vous donc dessus, et muselez-le après! »

L'ami des acteurs est enchanté.

Il fait rapporter de la bière.

Il a trois formules d'invitation, dont l'insistance varie selon l'importance de celui à qui il s'adresse.

La première, banale et presque négative :

— Tu ne prends pas quelque chose?

La deuxième, plus précise, avec un caractère d'affabilité :

— Prends-tu quelque chose?

Enfin, la troisième catégorique, et qui ne tolère pas de refus :

— Prends donc quelque chose!

## VII

L'ami des acteurs a cela de particulier qu'il connaît tout le monde et que personne ne le connaît.

Là est la nuance originale.

On ne sait pas son nom.

On ignore ce qu'il fait.

La plupart du temps, on le désigne par un prénom qui n'est pas le sien : on l'appelle Auguste, et il se laisse appeler Auguste.

Plusieurs prétendent que c'est un tapissier, d'autres que c'est un fabricant de peignes.

Quoi qu'il en soit, c'est un fort galant homme.

Je lui demandai une fois pourquoi, avec le goût si déterminé qui le pousse vers la vie du théâtre, il ne s'était pas fait acteur.

Il demeura un instant immobile et frappé d'un coup de lumière; puis il me répondit comme M. Prud'homme, à qui l'on conseillait de prendre un bain pour se débarrasser d'une mauvaise odeur dont il ne cessait de se plaindre depuis l'âge de six ans.

— Je n'y ai jamais pensé!

# UNE NATURE EN DEHORS

## I

Corfou! — En rangeant des papiers anciens, je retrouve ce nom singulier au bas de plusieurs lettres. C'est le nom — ou le sobriquet, je ne sais plus au juste — d'un camarade de jeunesse, d'un ami de fredaines. Où est-il à présent? qu'est-il devenu? Certainement il existe toujours. Il y a des personnes dont le souvenir éloigne toute supposition funèbre; Corfou est de ce nombre. Il était trop grand, trop fort, trop superbe, à l'époque où je l'ai connu, pour n'être pas encore grand, fort et superbe maintenant. Allons, allons, Corfou se porte bien; Corfou va à merveille! Pensons à autre chose.

Penser à autre chose? Et pourquoi? Cette physionomie très-distincte m'arrête, me retient. Je veux essayer de la fixer sur le papier. Cette mémoire bourdonne à mes oreilles, au point de m'importuner ; — débarassons-nous de cette mémoire. Parlons de Corfou aujourd'hui ; c'est le moyen le meilleur de n'y plus songer demain.

Ce nom, retrouvé par hasard, me remet sous les yeux tout un passé dont je ne suis ni fier ni attristé ; un passé émietté, dévoré dans les délires du quartier Latin. J'ai « fait la noce » avec Corfou, voilà ce qu'il y a de clair. Le café de l'*Europe,* le café *Belge,* le restaurant Dagneaux, les bals masqués de l'Odéon, les bosquets de la *Closerie des Lilas,* et cette partie du *Prado* qu'on appelait la *Chaussette-d'Antin* ont retenti de nos bruyances. Mais je n'étais qu'un simple conscrit dans cette armée de jeunes gens où Corfou avait rang de colonel. D'abord, ma taille n'offrait rien d'imposant, tandis qu'il rappelait le cèdre des chœurs de Racine. Pour donner une idée de la stature de Corfou, il faudrait amalgamer les types de Nadar, de Privat d'Anglemont, de Molin, de Marc-Trapadoux, de Pothey, de l'acteur Bignon, — race des géants, avec lesquels, d'ailleurs, il s'est souvent rencontré sans désavantage et sans rivalité.

Tout était excessif en lui. Il avait trop de cheveux, trop de sourcils, trop de barbe. Il avait la voix trop forte, la poignée de main trop rude. Il faisait tout trop vite. C'était une nature en dehors, — débordante, ruisselante, obéissant à son premier mouvement. La matière le menait beaucoup, je suis forcé d'en convenir. Après un festin, il devenait ivre d'impertinence. Je l'ai vu monter sur une table, chez Bullier, et là, déchaînant le tonnerre enfermé dans sa cravate, hurler par trois fois : « — A bas les étudiants! » Corfou s'est battu à tout ce qu'on a voulu, comme on a voulu, autant qu'on a voulu; et il s'est toujours retrouvé sur ses jambes.

Corfou a connu la pauvreté, — parbleu! Mais il l'a traitée fièrement, de haut en bas. En ce temps-là, s'il avait froid, il descendait sur les boulevards extérieurs, sciait un jeune arbre et l'emportait sous le bras, dans sa chambre.

## II

Un trait inouï et sublime de probité domine l'existence de Corfou.

Cela devrait être raconté au bruit des harpes par un poëte coiffé d'or.

Il avait un tailleur, comme tout le monde, — et, comme tout le monde, il devait de l'argent à ce tailleur.

Le tailleur avait épuisé tous les modes de réclamations ; il en était arrivé à la période exaspérée et aux visites quotidiennes.

Corfou, lui, se montrait imperturbablement exquis; il avait toujours une parole d'espoir — et une chaise — à offrir à son créancier.

Un matin, pourtant, le drame fit explosion.

Le tailleur eut un mot de trop.

Corfou devint pâle; il aurait pu aisément le jeter par la fenêtre, mais il se contint.

Il boutonna sa redingote et prit son chapeau.

— Monsieur, dit-il, attendez-moi un instant; je vais chercher votre argent et je vous le rapporte.

— Je vous suis, fit le tailleur.

— Non pas, reprit Corfou, l'injure a eu lieu ici; c'est ici que doit avoir lieu la réparation. Vous allez m'attendre.

— Je préfère vous accompagner.

— Je n'ai pas besoin de vous. Restez.

— Mais, moi, j'ai affaire au dehors, murmura le tailleur commençant à s'inquiéter.

— Cela m'est bien égal.

— Monsieur !

Vous ne sortirez pas d'ici que vous ne soyez payé ! s'écria Corfou.

D'un geste impérieux, clouant le tailleur au plancher, il partit après l'avoir enfermé à double tour.

Il était midi alors.

A quatre heures, Corfou n'était pas encore rentré ; — il dépêchait vers son prisonnier un commissionnaire chargé, non pas de le rendre à la liberté, mais de lui faire passer par-dessous la porte un billet ainsi conçu :

« Je n'ai recueilli que la moitié de la somme ; je vais me mettre en route pour le reste. Vous trouverez de quoi manger dans le petit buffet à côté de la fontaine. Il y a une moitié de pâté, veau et jambon. A bientôt. »

Le tailleur écumait.

Pourtant, l'appât d'un remboursement total l'empêchait de se livrer à aucun scandale et d'appeler par la croisée. Il prit son mal en patience.

A neuf heures du soir, nouveau commissionnaire

de Corfou; nouveau message par dessous la porte.

« Mauvaises nouvelles! La plupart de mes amis sont absents. Je vous écris du café de *Paris,* où je viens de dîner pour m'étourdir. Tout à l'heure, j'irai tenter le jeu, afin de parfaire la somme qu'il vous faut. Voyez à quelles extrémités vous me poussez! Couchez-vous, car je rentrerai peut-être tard. Mes draps sont blancs. »

Le tailleur faillit avoir une attaque d'apoplexie. Il tenta d'ébranler la porte; il introduisit la pointe d'un couteau dans la serrure : inutile!

Sur ces entrefaites, un mauvais petit bout de bougie qu'il avait découvert à grand'peine s'éteignit et le laissa plongé dans de ridicules ténèbres.

Il se jeta tout habillé sur le lit.

... Le lendemain matin, il se sentit secoué au collet; c'était Corfou qui rentrait.

— Dites donc, vous auriez bien pu quitter vos bottes, ce me semble!

Et, après avoir aligné devant le tailleur plusieurs piles d'argent en échange de sa facture, il le guida vers son seuil, et il lui indiqua — du bout du pied — l'escalier de service, où, pendant quelques minutes, on entendit un bruit sourd, pareil au bruit d'un quartier de roche qui roulerait et bondirait dans un ravin.

## III

S'il est galant ?

C'est la galanterie dans toute sa fleur, dans tout son imprévu, dans toute sa fascination, dans toute son audace. Audace heureuse ! irrésistible audace !

Corfou, à Lyon, voit passer sur le quai Saint-Antoine une femme richement parée, une femme du monde. Il la trouve jolie, et il s'arrête, ne dissimulant pas son admiration. Puis, il s'approche d'elle, et, rassemblant dans un salut toutes les grâces du dix-huitième siècle, il lui jette ces paroles :

— Hôtel de l'*Europe*, chambre 4, de trois à cinq heures.

Et il s'en va, sans attendre la réponse.

S'il est galant ?...

Il est même croustilleux.

La tête enflammée par le punch (car il est resté fidèle au punch ; c'est sa date), Corfou se rend au bal de la Préfecture de N***. Il fait le tour des salons, rouge, l'œil attendri, avec de vastes effets de poitrine et des fredons de satisfaction.

Comme cela : — Bromm ! bromm ! Ti la la, ti la la... *Viens, gentille dame !*... Broum !

Devant une porte, il se trouve face à face avec la femme du receveur général, dont une immense crinoline ne dérobait pas — l'état intéressant.

Corfou cligne l'œil d'un air d'intelligence et de malice, et lui dit de son plus aimable ton :

— Voilà ce que c'est que de n'avoir pas été sage !

En présence de deux cents personnes.

Corfou s'est marié. — Qu'est-ce que je dis donc là ? — On a marié Corfou, et il s'est laissé faire.

Il n'en a pas moins continué d'être — un mari en dehors.

Trois jours après la noce, il a conduit sa femme au café, à son café.

Et, appelant le garçon par son nom :

— Joseph ! ma canette !

Le garçon lui a demandé :

— Vous allez bien, monsieur Corfou ?

Le mariage peut être envisagé de diverses sortes.

## IV

Il voit des tortues à l'étalage d'un marchand de comestibles; il en achète une, et il la porte dans la main jusque chez lui.

Sa domestique, l'entendant rentrer, accourt en criant :

—Monsieur! monsieur! madame vient d'accoucher!

— Est-il possible! exclame Corfou; — tiens, Julie, je viens d'acheter une tortue...

Le médecin arrive à son tour, et lui dit :

— Réjouissez-vous, mon cher, c'est un fils que vous avez, un fils magnifique!

— Un fils, docteur! un fils! quel bonheur! — Regardez donc cette tortue que je viens d'acheter...

On le pousse dans la chambre de l'accouchée.

— O ma chère amie! s'écrie-t-il en se précipitant sur elle; ma pauvre Éléonore, comme tu as dû souffrir! — Voilà une tortue que je t'apporte...

Sa femme n'a que la force de lui tendre la main.

— Trente sous! murmure-t-il.

— Ah! que je suis heureuse! parvient enfin à dire la malade avec sensibilité.

— Chère femme !

Mais, toujours préoccupé par sa tortue, Corfou ajoute :

— Et quand nous en serons las, nous en ferons un excellent potage.

## V

Corfou, mon camarade; Corfou, mon ancien compagnon d'entre onze heures et minuit, si tu viens à lire ces quelques lignes, — où que tu sois, en Californie, chez les Turcs, ou dans un riant village de la basse Bourgogne, ton pays natal, je crois; écris-moi, mon cher Corfou. Dis-moi que tu es toujours le même, que tu as encore ta verve d'autrefois, que tu es plus que jamais une *nature en dehors*. — Ah! quelle peine et quelle déception pour moi, si, comme tant d'autres de mes amis, tu allais me répondre que les temps sont changés, et que tu en as fini résolûment avec le passé, et que d'autres idées te sont venues, et que des projets nouveaux ont germé dans ta tête! —car voilà leur refrain aux jeunes gens d'hier et d'avanthier, à nos connaissances vieillies du quartier Latin. L'esprit de suite et de gaieté leur a manqué absolument. Si, par malheur, il en est advenu ainsi de toi, mon bon Corfou, si tu es actuellement un homme sérieux, — alors ne me réponds pas, fais le muet et le mort. Tu m'obligeras, vrai. Je ne tiens pas à connaître un autre Corfou que celui que j'ai connu; je ne veux pas défaire le roman de ma jeunesse, si complet comme cela, et où s'encadre si bien ta tête résolue et joyeuse.

# L'OEIL,
# LA DENT ET LE CHEVEU

## I

L'œil. — Pendant que, dans son alcôve, Hélène, brisée par le bal, s'agite sous les flèches noires du Sommeil, disons ses douleurs et les nôtres. Pauvre Hélène !

La dent. — Pauvre Hélène !

Le cheveu. — Pauvre Hélène !

L'œil. — Elle est une des quatre ou cinq reines de Paris, la ville aux prodiges. Les peintres et les sculpteurs s'agenouillent quand elle passe ; les musiciens écoutent en elle chanter la voix d'argent. Assurément, il faut la reconnaître pour une des femmes les plus victorieusement belles de sa génération.

La dent. — De quelle génération ?...

L'œil. — Chut ! la voilà qui fait un mouvement.

LE CHEVEU. — Un mouvement et un soupir. Hélène souffre depuis quelque temps, et je sais le secret de sa souffrance.

LA DENT. — Moi aussi.

L'OEIL. — Moi aussi.

LE CHEVEU. — Elle songe que ses jardinières ne regorgent plus, comme autrefois, de ces bouquets miraculeux que les amoureux seuls savent cueillir en plein janvier.

LA DENT. — Elle songe que, depuis un an, personne ne s'est tué ni battu en duel pour elle.

L'OEIL. — Elle trouve que les jeunes gens d'aujourd'hui commencent à devenir bien respectueux.

LA DENT. — Hélène s'inquiète.

LE CHEVEU. — Hélène s'effraie.

LA DENT. — A quoi cela tient-il? (*Un silence.*)

L'OEIL. — C'est que je rougis.

LA DENT. — C'est que je jaunis.

LE CHEVEU. — C'est que je blanchis.

## II

L'ŒIL. — Flamme! astre! aurore! diamant! j'étais tout cela autrefois. Je resplendissais, je caressais, je foudroyais. Un ange venait clore mes paupières chaque soir, un ange venait les ouvrir chaque matin.

LA DENT. — Perle! ivoire! disaient de moi les poëtes classiques, de moi, la trente-deuxième d'une brigade éblouissante. — Des dents de jeune loup! disaient les poëtes romantiques! — Et comme je savais mordre à toutes les pommes de tous les paradis terrestres.

LE CHEVEU. — Un diadème, lorsque Hélène était coiffée! Une inondation dès qu'elle enlevait son peigne! Un manteau de roi! tout le Titien!

L'ŒIL. — A présent, une ligne bleuâtre s'accuse au-dessous de mes paupières.

LA DENT. — A présent, les pommes me sont défendues comme des crudités; les cigarettes me sont interdites parce qu'elles altèrent l'émail et qu'elles dessèchent la lèvre.

LE CHEVEU. — J'étais un cheveu autrefois; à présent, je ne suis plus qu'un tube capillaire. Et la tête d'Hélène, cette tête digne de tous les hommages et de toutes les adorations, voilà qu'on l'appelle un cuir chevelu. Hélas !

L'ŒIL. — Hélas !

LA DENT. — Hélas !

LE CHEVEU. — A qui m'a-t-on associé, justes dieux ! à une natte d'Alsacienne, et à des bandeaux dont j'ignore l'origine !

L'ŒIL. — Maudite soit cette épingle noircie dont on me blesse tous les jours pour m'allonger !

LA DENT. — Maudites soient ces petites limes et ces petites brosses qui me font grincer !

LE CHEVEU. — Et ces pinces d'acier auxquelles je n'ai échappé jusqu'ici que par miracle !

L'ŒIL. — Mon orgueil est vaincu ; je sais maintenant comment on pleure.

LA DENT. — La fluxion n'est plus un mot pour moi : je la sens, elle arrive. — Au secours !

LE CHEVEU. — Éloignez ces eaux, ces huiles, tous ces corrosifs sous lesquels je me tords et me consume. — Au secours !

LA DENT. — Des élancements ! — Au secours !

## III

LE CHEVEU. — Plutôt que de voir s'effiler ainsi mon existence misérable, pourquoi n'ai-je pas fait partie de cette dernière mèche qu'Hélène a donnée il y a un an (on ne la reprendra plus à pareille libéralité !) à ce jeune capitaine qui partait pour la guerre? Je serais à cette heure enfermé dans un médaillon d'or et abrité sur une chaude poitrine, tandis qu'un jour ou l'autre, ici on me balayera comme un témoin honteux!

L'ŒIL. — Un pince-nez, voilà mon avenir.

LA DENT. — Qu'est-ce donc que ces mots qu'on murmurait hier devant moi : pivots, ligatures, monture en caoutchouc? — « Sans nuire à la mastication, » ajoutait-on.

L'ŒIL. — Eh bien, êtes-vous contents, vous tous qui avez aimé Hélène et qu'Hélène n'a pas aimés ! Vous tous, qui vous êtes inutilement roulés à ses pieds et qui avez inutilement crié son nom dans vos fièvres! Nous étions ses complices alors, nous sommes vos vengeurs aujourd'hui.

LE CHEVEU. — Etes-vous satisfaits, vous toutes,

ses rivales, qui pâlissiez à ses côtés, et qui vous irritiez de son inaltérable éclat! Venez la voir à présent; l'heure va sonner pour elle, l'heure sans pitié.

LA DENT. — La déesse va redevenir mortelle. Adieu, Hélène.

L'ŒIL. — Adieu, Hélène.

LE CHEVEU. — Adieu, Hélène.

L'ŒIL. — Chut! elle étend les bras, et sa belle gorge se soulève sous le poids de quelque rêve funeste.

LE CHEVEU. — Ses traits expriment l'épouvante...

LA DENT. — Pourquoi donc? (*Un silence.*)

L'ŒIL. — C'est que je m'éteins.

LA DENT. — C'est que je tremble.

LE CHEVEU. — C'est que je tombe.

# LES RÉPUTATIONS

## DE CINQ MINUTES.

I

Il a écrit, le matin, un article dans le petit journal en vogue. Il traverse le boulevard, le front radieux, et jette sur les passants un regard qui semble dire : « *Ils l'ont lu!* » A la hauteur du passage des Prince, un individu se précipite à sa rencontre et lui serre les bras : « Mon cher, recevez mon compliment, c'est fait de main de maître ! » Devant la rue de Richelieu, un autre : « Il n'y a que vous pour tourner les choses de la sorte ! Vous avez de l'esprit comme un ange. » Il poursuit sa démarche triomphale, en distribuant des sourires qui font tout ce qu'ils peuvent pour demeurer indifférents.

Vainement essaye-t-il de s'arrêter en face de l'affiche du théâtre des Variétés, un de ses camarades s'approche, et lui dit avec un air moqueur : « Sais-tu que ton article fait un tapage du diable? Seulement, tu devrais bien recommander à l'imprimeur de ménager les fautes de français. Quatre en deux colonnes! tu veux donc qu'il n'en reste plus pour tes confrères?... »

Rien ne manque, — pas même l'envie, — à cette réputation de cinq minutes.

## II

Il passe dans une allée de bois de Boulogne, emporté par une voiture aussi frêle qu'un ressort de montre. A ses côtés est une jeune femme, renversée dans une mer de dentelles que paillètent çà et là des pointes de diamants, pareils à ceux que le soleil allume sur la crête des vagues. Il conduit lui-même. Sur son chemin, le long du lac, sur les gazons, dans tous les coupés, ce n'est qu'un cri d'étonnement : « Félicien avec la Maëstricht ! — Cela n'est pas possible ! — En êtes-vous certain ? — Comment se fait-il ? — Depuis quand ? » Et vous apercevez d'ici le scintillement de tous les lorgnons, de tous les pince-nez, de tous les binocles.

Félicien n'est ni jeune ni vieux, ni beau ni laid; il n'a jamais fait parler de lui ni en bien ni en mal. De toutes les fleurs des pois des clubs parisiens, c'est assurément la plus insignifiante. Pourtant le nom de Félicien est dans toutes les bouches.

Sa réputation durera cinq minutes.

### III

Il fait sa partie de bezigue dans un estaminet abject, attenant au théâtre. C'est un acteur de troisième ordre. Tout à coup il interroge la pendule et se lève : « Le deuxième acte va finir » dit-il. Puis il ajoute, en appelant le garçon : « La consommation est pour moi. » Et il prend son chapeau graisseux; il monte quatre à quatre jusqu'à sa loge où un coiffeur l'attend; il se peint de rose et de blanc, il entre dans un maillot de satin, il se coiffe d'une perruque à boucles. Il était vilain comme tout, il est presque superbe. Dans le drame nouveau, il s'appelle le marquis de Monsorel; une très-belle scène est celle où il arrache une jeune fille à un *piége infâme*; il y a un geste, un mouvement, — involontaires peut-être;

—N'importe ; on lui fait une ovation ; il n'est question que de lui pendant l'entr'acte.

Déshabillé, et revenu au café pour achever sa partie de bezigue :

— Il paraît que cela a bien marché, lui dit un des joueurs.

— Oui, j'ai eu un succès *bœuf*, répond-il avec modestie.

Cinq minutes ! cinq minutes !

## IV

Elle a levé la jambe plus haut que toutes les autres. Rassemblant ses jupons et faisant claquer sa langue avec impatience, l'œil tourné vers l'orchestre pour attendre le signal, la hanche balancée, elle est partie au premier coup d'archet, tournoyant comme un derviche ; et lorsqu'elle s'est trouvée face à face avec son cavalier, elle lui a enlevé son chapeau d'un coup de pied, dont la promptitude ferait comparer l'éclair à un lambin.

Autour d'elle tout le monde a battu des mains ; on s'est étouffé pour la voir, on est monté sur les banquettes. Et Henri Delaage, qui passait par là, a inscrit son nom sur ses tablettes (il est le seul qui ait encore des *tablettes!*) et il l'a envoyé immédiatement aux journaux belges.

C'en est fait ! voilà Truffette-la-Limousine célèbre — pendant cinq minutes !

## V

Il a tué père et mère ; il s'est servi pour cela d'une petite hache fort commode, qu'on l'avait vu aiguiser la veille sur les bords de la rivière de la Bièvre. La nuit venue, il s'est introduit dans la maison. Avec la hachette, il a fait trois entailles dans la tête du vieillard et quinze dans celle de la pauvre femme. On l'a arrêté à deux lieues de là. Il avait encore sous ses sabots des cheveux de ses victimes.

On a instruit son procès et il a paru aujourd'hui devant la Cour d'assises. Dès le matin, les abords du palais de Justice étaient littéralement obstrués ; dans la salle, la foule était compacte, et l'on remarquait aux places réservées un assez grand nombre de dames en élégante toilette. L'assassin n'a pas semblé intimidé par cet appareil imposant. L'auditoire a frémi devant l'impassibilité de son attitude et l'expression farouche et basse de sa physionomie. Quelques-unes de ses réponses ont excité une sensation profonde.

Ce soir, les journaux doubleront leur tirage, et tous les lecteurs se jetteront avec avidité sur ces horribles détails.

Lui aussi est une réputation de cinq minutes !

# LE CHICARD

## I

Minuit sonne.

Par une belle gelée de février, enveloppé d'un paletot insuffisant, le menton perdu dans un cache-nez, il arpente le trottoir du boulevard des Italiens.

Une femme en domino est à son bras:

Arrivés au coin de la rue Le Pelletier, où se tiennent des gardes à cheval à côté des ifs lumineux, ils jouent des coudes à travers la foule ; ils pénètrent tous deux jusque sous l'auvent de l'Opéra.

De son costume, à lui, on ne distingue encore qu'un gigantesque plumet et des bottes à la russe.

Il se redresse devant le contrôle ; il se débarrasse de son cache-nez, et, comme pour essayer ses moyens, il lance d'une voix de stentor ce nom aux employés :

— Monsieur Guizot !

## II

Les employés ne sourcillent pas.

Ils connaissent toutes les charges, surtout celles de feu Wafflard et de Tivoli.

Sans même le regarder, le contrôleur lui demande, en tendant le bras :

— Votre billet?

— Dumollard! articule notre individu, heureux de cette seconde plaisanterie.

— Oui, oui... votre billet? Dépêchons-nous... vous empêchez le monde d'entrer.

— Hommes de peu de foi ! murmure-t-il en s'exécutant, et se sentant poussé par le flot.

Au vestiaire, il s'arrête pour ôter son paletot. Moment d'éblouissement! La chenille se change en papillon. Le bourgeois devient un chicard.

— Viens, Sophie! dit-il en montant majestueusement le grand escalier.

## III

Il est coiffé d'un casque en carton doré, d'où jaillit ce prodigieux plumet dont il a été question plus haut. Un catogan de postillon sème la poudre sur ses épaules, auxquelles est attaché un sac de soldat. Sa figure est atrocement tatouée, mi-partie jaune et verte, avec des croissants et des lunes en papier découpé. D'énormes besicles de marchand d'orviétan sont à cheval sur son nez. Les ordres les plus fabuleux s'étalent sur sa poitrine presque nue : dromadaire du bey de Tunis, onagre bleu du grand Mogol, ciron ailé du roi d'Étrurie, condor du duc de Roussillon. A sa ceinture est pendue une cuiller à pot, ainsi qu'une corde d'oignons en guise de breloques. Il a un habit vert d'incroyable, dont les pans balaient le sol; un maillot d'Alcide du Nord en tournée départementale, des gantelets de cuir, des bottes à cœur et à gland. Il balance négligemment de la main droite un lorgnon large comme une fourche.

## IV

A peine son pied s'est-il posé sur les tapis du premier étage, qu'il s'annonce par des effets de grelots, et qu'il s'affirme (un mot à la mode) par une explosion de cris et d'apostrophes.

Il pénètre dans les groupes à la façon d'un boulet de canon; les uns le rudoient, les autres rient.

Il saisit toutes les femmes à la taille, disant à l'une :

— Chère belle, vous venez de laisser tomber votre extrait de naissance !

Disant à l'autre :

— Vaporine ! sois à moi... dût la justice des hommes nous poursuivre jusque dans les savanes du nouveau monde !

Et les femmes de se rejeter en arrière et de crier à l'horreur.

Une seule qui cause avec un Anglais, se retourne froidement et lui dit :

— Eh bien, après?

## V

Il danse.

Il appelle cela danser.

Avec ses grands bras et ses grandes jambes il a vite fait d'organiser le vide autour de lui.

Enveloppant sa danseuse d'une étreinte enthousiaste, il s'avance avec elle, en imprimant à sa botte gauche des balancements égaux.

Puis, il la rejette brusquement aux bras de son vis-à-vis.

Il passe en cinq minutes par toutes les nuances du vertige et de l'indifférence, de la furie et du dédain.

Il marche, — il bondit.

Il ondule comme un navire, il tourne comme un moulin à vent, il piaffe comme un cheval.

Et le cavalier seul!

Les mains brandies, le talon épileptique, la voix luttant avec l'orchestre, l'œil plein de gaz et de sang.

Il se tord en sautant, et saute en se tordant.

Il se jette à plat ventre, — et il se relève.

Et, en se relevant, il imite le geste gracieux d'un homme qui offre une rose à sa danseuse.

## VI

Il a perdu Sophie, ou plutôt Sophie l'a perdu, — que dis-je? perdu! servons-nous donc des mots de notre temps : Sophie l'a lâché. — Un chicard est trop gênant pour une femme. Un chicard doit toujours aller seul, comme le bourreau.

Sophie l'a lâché pendant qu'il s'obstinait à demander à un Chinois sa photographie; elle a pris le bras d'un jeune monsieur, tout émerveillé de ce commencement d'aventure, et elle a disparu avec lui dans les couloirs faits pour la causerie. Quand le chicard s'est retourné, il n'a plus vu personne.

Il s'informe, il s'inquiète, il s'alarme; il prend à gauche; il revient sur ses pas; il monte sur les banquettes; il fouille de son nez toutes les loges; il explore les galeries; il inspecte les buffets; il se penche par-dessus les rampes d'escalier en appelant à tue-tête :

— Sophie! hé! Sophie!

Un être barbu, fagoté en nourrice, se jette à son cou, en lui disant :

— Me voilà! rassure-toi!

## VII

Il parlemente avec un des huissiers qui défendent l'entrée du foyer aux personnes travesties, car l'idée fixe de tous les chicards est de forcer ou d'éluder cette consigne :

— Je vous entends bien... on n'entre pas... mais écoutez-moi : j'ai un rendez-vous devant l'horloge... ah! c'est un motif, un rendez-vous... Au moins, n'abusez pas de cette confidence, il y va de l'honneur d'une marchande de tabac.... Si vous me laissez entrer, je vous rapporterai une orange... Hein? vous dites qu'il y a un règlement? Voilà ce qui vous trompe; il n'y a pas de règlement... qu'on me montre le règlement, ou qu'on me ramène à la féodalité!... Voyons, mon ami, laissez-moi me faufiler... je serai la décence même... Chaque minute que vous me faites perdre me déshonore aux yeux de cette femme... Faut-il vous prier à mains jointes, cœur de roche? faut-il me mettre à vos genoux, cruel?

Et le voilà aux genoux de l'huissier.

## VIII

Assis près de l'orchestre où les quadrilles l'ont refoulé, il se tourne vers son voisin, un monsieur cravaté de satin noir, et dont le nez est tout en sueur, par suite de l'attention passionnée qu'il prête à la danse.

— Monsieur, lui dit-il, n'est-ce pas une chose à la fois anormale et pénible, à l'époque où nous sommes, au degré de civilisation où nous voilà parvenus, et dans la voie de progrès où nous nous engageons chaque jour... de voir des nations policées s'égorger entre elles, à l'instar des peuplades barbares, et comme en ces temps primitifs où les trois quarts du genre humain étaient plongés dans la nuit de l'ignorance et de la superstition?

Le monsieur ne bronche pas.

— N'est-ce pas votre opinion? continue le chicard.

Visiblement contrarié, le monsieur affecte de regarder d'un autre côté.

— Observez que je ne prétends en aucune sorte vous imposer ma manière de voir.

Le monsieur fronce le sourcil et pince les lèvres; son nez suait tout à l'heure, il fume à présent.

— Êtes-vous éclectique?

— Laissez-moi tranquille, gronde sourdement le monsieur.

— Pas poli, dit chicard.

Et posant amicalement la main sur son épaule :

— Mais considérez donc, mon bonhomme, que...

Pour le coup, le monsieur n'y tient plus :

— Je vous défends de toucher à *mes vêtements* ou je vous fais mettre au poste.

— Excusez! Dis tout de suite que tu es Fouché, alors.

## IX

Il se rue dans le café qui communique avec l'Opéra.

Il a trouvé un compagnon, il a mis la main sur un autre chicard, tout pareil à lui-même, même plumet, mêmes bottes.

Tous deux font leur entrée en s'étayant mutuellement, en culbutant les tables, en accrochant les tabourets.

Le premier chicard dit au second :

— Laisse-moi faire !

Le second chicard répond au premier :

— Vive la charte !

Les garçons de café, qui ne vont jamais aux gens qui les appellent, se précipitent en échange au-devant des deux chicards qui ne les appellent pas.

— Qu'est-ce que désirent ces messieurs ?

— Comment ! ce que je désire ? hurle le premier ; désire est joli ! Je ne désire pas... je veux, j'exige !

— Qu'est-ce que veulent ces messieurs ?... du punch ?

— Oui, du punch ! toujours du punch ! mugit-il.

— Et un solo de harpe, murmure mélancoliquement le second, en se laissant couler sur un tabouret.

## X

— Sophie, as-tu ton châle ?

C'est lui qui, ahuri, avachi, adossé au mur, à quelques pas du vestiaire, adresse machinalement cette question à une femme imaginaire. Il est quatre heures du matin.

— Sophie, as-tu ton châle?

Il n'en peut plus; sa tête penche, appesantie, sur son estomac; ses bras sont inertes; ses genoux fléchissants. Son plumet s'est cassé à toutes les portes; un pan de son habit vert est resté aux mains d'un garde municipal. Ce n'est plus un homme, c'est une ruine qui s'écroule.

— Sophie, as-tu ton châle?

Tout le monde défile devant lui depuis une demi-heure. Il ne voit personne, on le heurte, on lui rit au nez; tout lui est égal. Il n'a de conscience que pour répéter toutes les cinq minutes :

— Sophie, as-tu ton châle?

Une bande de pierrots et de pierrettes descend ou dégringole l'escalier. L'un d'eux, qui n'a plus de chapeau, plus de farine, plus de gants, s'écrie en apercevant le chicard :

— Tiens, c'est Tolbiac! emmenons déjeuner Tolbiac!

On prend sous le bras le chicard, qui n'entend rien, et on l'emmène à la maison Dorée.

## XI

Arrivés à la maison Dorée, le chicard tombe, la figure la première, dans un homard.

— Mais ce n'est pas Tolbiac! s'écrie une des femmes en l'examinant.

— Alors, c'est bien plus drôle, dit un pierrot.

— Si c'était Tolbiac, où serait le plaisir? ajoute un autre.

— Dites donc, vous! fait une pierrette d'un ton féroce, en secouant le chicard au collet, est-ce que vous allez nous empêcher de manger le homard?

Le chicard se contente de grommeler :

— Sophie, as-tu ton châle?

Houspillé par tous, il retrouve cependant une lueur de gaieté; il commence une chanson qu'il n'achève pas; il essaie de jongler avec deux bouteilles; il pique des cure-dents dans les cheveux des femmes.

Puis tout à coup, comme saisi d'une idée, il se lève et appelle le garçon.

— Qu'est-ce que tu veux, Tolbiac?

— Garçon! l'almanach Bottin! dit le chicard, rempli d'une émotion étrange.

— Pourquoi faire? lui demande-t-on.

— C'est que mon patron m'attend ce matin pour opérer une saisie dans le quartier Vintimille.

# LES PARISIENS DU DIMANCHE

Sonnez, mirlitons! glapissez, fritures! embaumez, rosiers! — Soleil, darde tes rayons les plus dorés sur cette foule! — Voilà les Parisiens du dimanche!

Ils sortent de chez eux, ils se répandent sur les boulevards, ils prennent d'assaut les omnibus. Dans les gares de chemins de fer c'est comme un bourdonnement d'abeilles. Il y a là des rubans d'un rose vif aux bonnets des commères de quarante ans, d'honnêtes redingotes de mari, des collerettes d'idylle; partout des figures empressées, heureuses et propres. Tous se hâtent, ils vont aux bois.

Sonnez, mirlitons! glapissez, fritures! embaumez, rosiers! — Soleil, darde tes rayons les plus dorés sur cette foule! — Voilà les Parisiens du dimanche!

Aux bois de Boulogne, de Vincennes, de Fleury,

d'Aulnay, de Montmorency! Dans tous ces jardins d'amour où Fragonard a suspendu ses balançoires, où Lantara s'est reposé! Ils s'en vont aussi le long de l'eau, regardant glisser les nombreuses embarcations montées par des rameurs et des rameuses en vareuse rouge. D'autres plus indolents ou plus modestes, se contentent de s'asseoir sur les talus verdoyants des fortifications.

Sonnez, mirlitons! glapissez, fritures! embaumez, rosiers! — Soleil, darde tes rayons les plus dorés sur cette foule! — Voilà les Parisiens du dimanche!

Sous les tonnelles, sur les terrasses au-devant des portes des restaurants, en travers des chemins, par les fenêtres toutes grandes ouvertes, c'est un fracas d'assiettes, de couteaux, de chaises, de verres et de voix. Les servantes ahuries ne savent à qui répondre. Les esprits ingénieux se dirigent vers la cuisine, pour y choisir eux-mêmes leurs mets; ils soulèvent le couvercle des casseroles fumantes. — « Voulez-vous un joli morceau de veau? leur dit le traiteur en tablier blanc; quant à du lapin, il ne nous en reste plus. »

Sonnez, mirlitons ! glapissez, fritures ! embaumez, rosiers ! — Soleil, darde tes rayons les plus dorés sur cette foule ! — Voilà les Parisiens du dimanche !

Le soir ce sont des feux d'artifice à tous les bouts de l'horizon. Les bombes du *Château-des-Fleurs* répondent aux fusées du *Château-Rouge*. A Grenelle, la tour *Malakoff* illuminée ; la tour *Solferino* illuminée, à Montmartre. Tout autour de Paris une aveuglante guirlande de bals. L'ouvrier s'en revient, portant triomphalement sur l'épaule son enfant endormi, tandis que la mère, inquiète, les suit, en murmurant de minute en minute : « Tiens-toi bien, Jules ! »

# LES VIEILLES BÊTES

### I

Nul au monde plus que moi ne t'environne de respect et d'amour, sainte Vieillesse !

Tu es l'expérience attendrie, la majesté douce, le dernier sourire et le dernier rayon.

Mais nul au monde n'est plus irrévérencieux, plus impitoyable que moi, pour ceux qui te déshonorent ou qui te font ridicule.

Pourquoi les cheveux blancs sauvegarderaient-ils Jocrisse ?...

Le nombre des vieilles bêtes est immense, hélas ! Je n'en entreprendrai pas une classification complète, à la manière de Linnée ; — je n'ai jamais rien fait de complet dans ma vie ; je ne commencerai pas par l'*Annuaire des vieilles bêtes*.

Je me contenterai d'en piquer quelques-unes sur

le papier, et d'appeler mes amis autour d'elles pour en rire.

## II

Un des caractères principaux des vieilles bêtes, c'est leur prétention à l'infaillibilité.

Il semblerait au contraire que l'âge, les événements, les catastrophes, les déceptions, auraient dû leur apprendre à se tenir dans une méfiance et dans une réserve continuelles.

Point du tout.

De même qu'elles ont une façon inexorable de mettre leur cravate, les vieilles bêtes ont aussi une façon inexorable de penser.

Leur point de départ est qu'elles rendent des oracles.

Une vieille bête politique, — c'est une des séries les plus abondantes, — se faisait lire le journal, un matin, devant moi.

Le lecteur arrive à un passage important, à l'annonce d'une combinaison ministérielle, dans laquelle entraient plusieurs hommes nouveaux.

La vieille bête soulève un peu la tête, se fait répéter

les noms, sourit, se renverse dans son fauteuil, en fermant à moitié les paupières, — comme M. de Talleyrand.

Puis, tapant sur sa tabatière en or :

— Ce ministère-là ne durera pas huit jours.

Le ministère a duré deux ans.

## III

Je connais une vieille bête qui est habituée de la Comédie française.

Elle est rogue, elle est importante, elle crache avec bruit, elle hausse les épaules à tout propos.

Elle n'aime que le vieux répertoire, les pièces mortes, les auteurs enterrés. Son admiration en est restée à Alexandre Duval. Elle commence cependant à comprendre Scribe et *Valérie*.

Lorsqu'on joue *les Caprices de Marianne*, *l'Aventurière* ou *la Fin du roman*, la vieille bête s'agite dans son fauteuil; elle se tourmente, elle soupire, elle tousse, elle ricane, elle se retourne, elle feint de dormir.

La vieille bête n'admet pas plus les comédiens nouveaux que les écrivains nouveaux ; elle s'écrie en joignant les mains : — Ah! ma pauvre Dupont, où es-tu ? Ah? Duchesnois! ah! Armand! ah! Cartigny! ah! Baptiste!

Un soir, incommodé par le voisinage de la vieille bête, j'essayai de discuter avec elle ; je lui représentai poliment que, si parfaite que fût mademoiselle Dupont, j'étais convaincu qu'Augustine Brohan pouvait lui être comparée sans désavantage ; que Bressant valait bien Armand, et que Cartigny avait trouvé dans Got un digne successeur.

J'accumulai ainsi pendant quelques minutes les exemples et les comparaisons.

La vieille bête ne trouva rien à me répondre, sinon que j'étais un *insolent,* — et elle me menaça d'envoyer chercher *la garde.*

## IV

Ah! voilà comme elles sont, les vieilles bêtes littéraires!

Et celles qui ont fait elles-mêmes des ouvrages, — dans leur temps, — pièces ou volumes!

De ce qu'on ne les joue plus, ou de ce qu'on ne les réimprime plus, tout va de mal en pis, l'art est perdu, un abîme est sous nos pieds.

Deux d'entre elles s'abordent dans la cour de l'Institut, — considérée comme passage.

— Comprenez-vous quelque chose à ce qui s'écrit aujourd'hui ? demande le père d'un *Asdrubal* quelconque à l'auteur d'un recueil d'*Apologues et d'Héroïdes*.

— Moi ! s'écrie avec indignation l'interpellé ; est-ce que je lis un seul mot de la littérature actuelle ? Je me crèverais les yeux plutôt que de les souiller par ces rapsodies !

— Cependant, il est bon de se tenir au courant...

— Allons donc ! est-ce que je ne sais pas à L'AVANCE, tous ce que ces messieurs peuvent dire ! ! !

Et l'on parle de la critique parfois étourdie des jeunes gens.

Comment qualifier alors la critique aveugle des vieilles bêtes ?

## V

Les vieilles bêtes sont presque toujours des méchantes bêtes.

A un moment donné, Cassandre ne reculera devant aucun moyen pour se défaire de Léandre.

Il y avait une fois une vieille bête qui était un oncle, et qui abusait horriblement de ce titre d'oncle pour opprimer un charmant garçon qui était son neveu.

L'oncle habitait la province; il était riche à lard; il avait maison de ville et maison des champs; il ne faisait rien; il était célibataire; il restait quatre heures à table. Le soir, il jouait aux cartes avec sa domestique.

Le neveu demeurait à Paris, où il étudiait la médecine. Il était seul et pauvre. Il travaillait et dormait dans un taudis immonde; il mangeait des choses infâmes dans un cabaret ténébreux. En revanche, il recevait de son oncle une pension ridicule : quelque chose comme soixante francs par mois.

De temps en temps, le neveu écrivait à l'oncle :

« Je vous jure sur l'honneur que vos soixante francs sont insuffisants à me faire exister! »

L'oncle répondait stoïquement :

« Un jeune homme doit apprendre de bonne heure l'économie. A ton âge, je savais me tirer d'affaire. »

Alors le neveu se serrait un peu plus le ventre. Mais, au bout de quelques mois, vaincu, il écrivait encore :

« Mon cher oncle, je tends les bras vers vous ! Soyez humain, vous qui avez tant d'argent ! »

Et la vieille bête répondait toujours :

« Tu ne seras pas fâché de trouver cela après ma mort. »

Le mot favori des vieilles bêtes !

Un mot lâche, et sous lequel ils se mettent à couvert toute leur vie.

## VI

Oh ! mon histoire n'est pas terminée.

Il arriva forcément un jour où le neveu dut faire des dettes.

Il arriva également un autre jour où les créanciers, ne pouvant être payés par le neveu, s'adressèrent à l'oncle.

Humbles et chétifs créanciers! créanciers du toit, du vêtement et de la nourriture !

Ce jour là, l'oncle irrité supprima la pension de soixante francs à son neveu.

Comment fit celui-ci pour vivre? Je l'ignore. Comment font tant d'autres?...

Des récits lamentables parvenaient par intervalles aux oreilles de l'oncle, qui se contentait de proférer un de ses axiomes :

— Il est bon qu'un garçon mange de la vache enragée.

Une fois, il reçut une lettre d'un accent désespéré, dans laquelle son neveu l'avertissait qu'il était à bout de ressources honnêtes, et que si le ciel ou son « bon oncle » ne lui venait en aide dans les quarante-huit heures, il se verrait obligé de mettre fin à son existence.

— Bah! bah! murmura l'oncle, en haussant les épaules.

— Déclamations de jeune homme! ajouta la domestique.

Les quarante-huit heures écoulées, le jeune homme fit comme il avait dit. Il se tua.

Ce qui se passa dans l'âme de l'oncle à cette nouvelle, on ne l'a jamais su.

Peut-être ne se passa-t-il rien.

Seulement, cinq ou six ans après la mort de son neveu, il se chargea de son épitaphe.

Je vais vous dire comment.

C'était sur la fin d'un gros dîner, entre vieilles bêtes retirées des affaires.

L'une d'elles vint à s'adresser à l'oncle :

— N'aviez-vous pas encore de la famille, il y a quelques années ?

L'oncle répondit, en pelant une poire :

— Oui, j'avais un neveu... *qui a mal tourné.*

# LE
# CHANT DE LA TISANE

O tisane ! tisane réparatrice, faite avec les bonnes herbes de la campagne, édulcorée avec les plus séduisants sirops, apportée sur la pointe du pied, et remuée à petits coups argentins par une main amie; tisane salutaire, je te reconnais et je t'aime !

Le malade est dans son lit : la nuit va finir. La mèche tourmentée d'une veilleuse darde ses derniers feux dans la chambre muette. Le malade ne dort pas ; il a perdu depuis longtemps le sommeil ; tourné contre la muraille, son œil farouche compte pour la millième fois les dessins de la tapisserie et cherche à y découvrir quelques configurations nouvelles. Le silence qui l'enveloppe lui est odieux. Enfin, on ouvre doucement la porte, on s'approche doucement de son lit, on écarte doucement les rideaux ; et une voix murmure à son oreille ; « Mon ami, voici ta tisane. »

O tisane ! tisane réparatrice !

Il demande si le médecin est venu. Le médecin est la principale préoccupation du malade, sa providence et son joujou ; il voudrait l'avoir constamment à son chevet ; il amasse dans sa mémoire une foule de choses sur lesquelles il se propose de l'interroger. Mais pourquoi le médecin tarde-t-il tant aujourd'hui ? Il avait promis de venir à huit heures, et voilà qu'il est huit heures et demie. « Tu te trompes, mon ami, il est à peine sept heures. — Pourtant j'ai entendu sonner la pendule. — Ne te fatigue pas, tiens-toi tranquille. » Et, pour détourner sa pensée, sa femme ajoute câlinement : « Veux-tu boire ta tisane ? »

O tisane ! tisane réparatrice !

La tisane prise, en voilà pour une heure de patience. On reborde le lit, on exhausse l'oreiller. « Ce jour ne te paraît-il pas trop vif ? Es-tu assez couvert comme cela ? Tâche de transpirer un peu. Je reviendrai de temps en temps pour voir si tu as besoin de quelque chose. » Le malade reste seul. Les bruits de la rue, tels que voitures qui roulent et cris des marchands ambulants, arrivent faiblement à son oreille. Il songe. Il repasse sa vie, et surtout sa jeunesse, comme on fait toujours dans la maladie, les minutes d'enivrement et les années mal employées; il remet en leur place drames et églogues; parfois, il ferme les yeux pour mieux revoir les figures chères, et quand il les rouvre il les sent mouillés. Un orgue qui s'obstine dans la cour, un orgue aux refrains chevrotants, accompagne sa songerie. Le malade se laisse aller à l'émotion. L'attendrissement le rattache à l'existence, et c'est lui qui sonne pour avoir sa tisane.

O tisane! tisane réparatrice!

Un ami demande à le voir. « Ne le faites pas trop causer, » lui recommande la femme sur le seuil de la chambre. Ils entrent tous deux, elle le précédant : « Mon ami, c'est monsieur Un Tel qui désire te dire un petit bonjour. » Le malade fait un bond de joie. Une visite! la manne dans son désert! « Eh bien, farceur, s'écrie le survenant, c'est donc comme cela que tu t'amuses à nous donner de l'inquiétude! tu as donc bien du temps à perdre? Imagine-toi que je n'ai appris ton accident qu'hier au soir ; je ne voulais pas y croire. Mais je vois avec plaisir que tu n'es pas aussi mal qu'on me l'avait dit... » Le malade écoute cette voix avec ravissement ; il s'agite et veut étendre le bras. « Ne te découvre pas ! dit la femme. — Non, ne te découvre pas, répète l'ami. » Le malade se résigne, et dirige du moins un regard chargé de reconnaissance sur ce mortel tombé du ciel. « Allons, allons, reprend celui-ci, cela ne sera rien ; il ne s'agit que de ne pas se *frapper*. Avant de m'en aller, mon bon, je veux te voir boire ta tisane. »

O tisane ! tisane réparatrice !

C'en est fait, le visiteur est parti, et avec lui la lumière, le bonheur. Le malade retombe dans son apathie jusqu'à l'heure où se joue la tragédie palpitante et atroce de la nourriture. Il supplie, la femme refuse. Il implore un blanc de volaille ; il descend jusqu'à l'œuf à la coque ; il s'abaisse jusqu'au biscuit. La femme est implacable. Il jure qu'il se porte à merveille ; l'ami qui vient de sortir n'a-t-il pas trouvé qu'il avait une mine florissante ? La femme ne veut rien entendre ; elle quitte la chambre pour reparaître un instant après, un bol à la main. « Ah! je l'ai attendrie, se dit le malade; c'est un potage qu'elle m'apporte. » C'est la tisane!

O tisane! tisane réparatrice!

Enfin, on annonce le médecin, sortant d'un coupé comme s'il sortait d'une boîte, paré, sentant bon, la voix discrète, le geste apaisant, le sourire aux lèvres, ne se doutant même pas qu'il est en retard de deux heures. Le médecin s'asseoit en face du malade; il lui raconte les courses qu'il a faites, celles qu'il doit faire encore; il dit les quartiers démolis et les embellissements, et comme quoi il a l'intention d'acheter des terrains du nouveau boulevard La Fayette. Le malade fait d'immenses efforts d'attention. Après vingt minutes d'un spirituel narré, l'aimable médecin prend son chapeau et se dispose à s'en aller. « Mais, docteur, vous ne m'avez rien ordonné! — Oh! vous êtes hors de danger depuis longtemps; continuez, je reviendrai. Est-ce qu'on ne vous donne pas à manger? (Un soubresaut du malade.) — Vous savez bien, monsieur, dit la femme, que vous l'avez formellement défendu. — Vous pouvez maintenant lui donner ce qu'il demandera, avec modération, bien entendu... Et surtout, beaucoup, beaucoup, beaucoup de tisane ! »

O tisane ! tisane réparatrice, faite avec les bonnes herbes de la campagne, édulcorée avec les plus séduisants sirops, apportée sur la plante du pied, et remuée à petits coups argentins par une main amie; tisane salutaire, je te reconnais et je t'aime !

# JE M'APPELLE CORBIN

J'ai à raconter une aventure arrivée à une femme, autant affolée de noblesse que la comtesse d'Escarbagnas.

Elle ne voulait frayer qu'avec des gens de qualité.

Et pourtant, elle était née avec un cœur sensible.

Comment accorder la voix, la voix suppliante de ce pauvre cœur, avec l'accent impérieux de l'orgueil héraldique ?

Il fallait au moins douze quartiers pour lui baiser la main ;

Vingt quartiers pour lui écrire un billet doux ;

Trente quartiers pour lui dire : Je vous aime !

Il fallait remonter jusqu'aux croisades pour suivre la progression.

Aussi, que de fois son cœur eut-il à souffrir et à murmurer !

Mais le préjugé fut toujours le plus fort.

Pas d'armes — pas de marquise.

Car elle était marquise.

Un jour, il se présenta un fort bel homme, à la poitrine bombée, aux sourcils extrêmement noirs et *fournis,* comme le Du Bousquet du roman de Balzac : *la Vieille Fille.*

C'était probablement un homme qui avait à se venger de quelque chose ou de quelqu'un.

Il se faisait appeler le vicomte de Saint-Oviparc.

Il avait un carrosse et des gens.

Son ton était exquis.

Il disait *belle dame !* à toutes les femmes, et il baisait dévotement le bout de leurs doigts gantés.

Le vicomte de Saint-Oviparc n'inspira aucune méfiance à la marquise.

Au contraire.

Il chercha à plaire, — il plut.

Il fit son métier de soupirant en conscience.

Enfin, il obtint un tendre rendez-vous.

. . . . . . . . . . . .

Et... lorsqu'il n'eut plus rien à souhaiter.

Il s'écria d'une voix retentissante :

— Je m'appelle Corbin!

Ne voyez-vous pas, caché sous cette historiette, un mythe très-profond?

Pour moi, j'y vois mes Illusions parées, fleuries, entrelacées à la façon d'un groupe vaporeux de Gendron, et rasant le lac de ma vie.

Elles m'appellent, elles m'attirent du regard, du sourire et de la voix.

L'une me dit, en effeuillant des bouquets et en me les jetant au visage :

— Je suis Camille!

L'autre, en me montrant les saules :

— Je suis Galathée!

Celle-là, blanche et fière :

— Je suis Hélène!

Eperdu, enivré, je me laisse peu à peu séduire par ces ravissantes fées ; je les suis et je les poursuis ; et lorsque je parviens à les saisir et à les étreindre dans mes bras passionnés, elles s'écrient, mes Illusions, avec de mauvais éclats de rire :

— Je m'appelle Corbin !

# ÉPITRE
# AU ROI DE PRUSSE

Sire,

Voilà bien longtemps que je travaille pour Votre Majesté. L'heure de ma récompense est-elle proche?

Voilà bien longtemps que je me dévoue, et que je m'épuise, et que j'espère, — et que j'attends.

Il y a juste vingt ans, jour pour jour, que je suis à votre service, Sire, et que je fais partie des gens de lettres, qui est un beau corps, modestie à part.

Ah! Votre Majesté peut se vanter de posséder une nombreuse et vaillante armée. Des troupes toujours fraîches, sans cesse renouvelées, constamment enthousiastes, que l'on mène avec un mot, et dont on fait tout ce que l'on veut avec une promesse!

Seulement, comme les troupes de notre vieille République, elles auraient bien besoin qu'on leur votât une paire de souliers.

Mais il faut croire que l'auguste oreille de Votre Majesté est devenue un peu dure, — ou que vos courtisans ne laissent pas parvenir jusqu'à elle nos réclamations et nos plaintes.

Jadis, vos recruteurs, en m'entraînant au cabaret pour me faire mettre mon paraphe au bas d'un enrôlement, m'avaient promis un avancement rapide. Un d'entre eux même n'avait pas hésité à m'affirmer que j'avais un bâton de maréchal dans mon buvard.

Moyennant quoi j'avais signé.

Hélas! c'est absolument comme si j'avais signé un pacte avec la misère, l'affront, l'injustice et l'angoisse.

Vingt ans se sont écoulés, pendant lesquels je vous ai donné, Sire, ma force et ma santé, mes jours les plus superbes, mes heures les plus fécondes, les jours et les heures qu'on regrette éternellement.

Pendant vingt ans, la tête grosse du fatras des bibliothèques, j'ai chaque soir, régulièrement et patiemment, allumé ma lampe et écrit des pages sur outes sortes de choses. — Et j'ai reconnu que j'écrivais pour Votre Majesté.

J'ai voulu aimer; et les trésors de mon cœur je les ai versés aux pieds de statues habillées de robes de soie. — Et j'ai reconnu que j'aimais pour Votre Majesté.

Aujourd'hui, je suis las; je suis las et je suis vieux. De mes cheveux noirs, la moitié est partie à votre service, Sire, et l'autre moitié est en train de blanchir. Et de tous les points, du nez, du front, des yeux, partent, se croisent, s'élancent des rides longues et sinueuses, — qui sont les fusées de ce feu d'artifice que le temps met cinquante ans à tirer sur une face humaine.

L'admirable ressort qui ouvrait et fermait ma bouche avec tant de précision s'est insensiblement détendu; je me surprends quelquefois la lèvre pendante, sans savoir pourquoi.

Ma pensée aussi est sans ressort. C'est le commencement de la fin. N'en doutez pas, Sire, votre sujet a fait son temps.

O mes aspirations et mes ambitions! O les gloires rêvées, les joies entrevues! — Les recruteurs m'avaient menti!

Le vieux racoleur s'était gaussé de moi. En fait de bâton de maréchal, je ne trouve dans mon buvard qu'un tout petit bâton de cire à cacheter, dérisoirement pailleté d'or, qui va me servir à cacheter cette dolente épître à Votre Majesté.

# LE
# RÉPERTOIRE D'UN FARCEUR

## I.

Hélas! je connais un farceur!

Je sais bien, — un farceur ne s'appelle plus aujourd'hui un farceur; le mot est allé rejoindre les vaudevilles de Désaugiers et les romans de Paul de Kock. — On dit un *cascadeur* maintenant. — Mais si le mot a changé, l'espèce existe toujours, invariable, et, hâtons-nous de l'écrire, insupportable. Le farceur est capable de rendre la gaieté haïssable, dans un temps donné.

Hélas! je connais un farceur!

Je le connais depuis l'enfance. — Le jour qu'il tira la langue à son maître d'école, pour la première fois, sa vocation fut décidée : il avait fait rire ses petits camarades. Mon intention n'est pas de le suivre dans ses essais très-vulgaires ; il ne manquerait plus que cela ! Qu'il suffise de savoir que l'homme a tenu ce que promettait l'enfant. — Lors de son mariage, dans les corridors de la mairie, il trouva le moyen d'attacher une queue de cerf-volant au collet de l'habit de son beau-père. — Rien ne lui est sacré. Il semble que pour lui la vie ne soit autre chose qu'une invitation à une partie de plaisir, avec ce post-scriptum de la main du Créateur : *On fera des farces.*

Hélas ! je connais un farceur !

Et comme il a bien l'air d'un farceur ! Quels gros yeux ! Quelle bouche fendue jusqu'aux oreilles ! Quels gestes à la *Titi le Talocheur !* — Du plus loin qu'il m'aperçoit, il se met à jeter son chapeau en l'air et à danser sur le trottoir. Tout le monde se retourne, c'est ce qu'il voulait. Il me prend par le bras, et la première parole qui sort de sa bouche est :

— Savez-vous *celle* du cuirassier qui a gagné le gros lot à la loterie du *Vase ?*

Je comprends qu'il veut me conter une farce, et je hausse les épaules.

— Si vous la savez, continue-t-il, avouez-le tout de

suite et ne me faites pas poser... Mais non ; où l'auriez-vous entendue ? Enfin, vous m'arrêterez...

Et il me raconte *celle* du cuirassier.

Et après celle du cuirassier, celle du dragon, et puis celle du tambour-major.

Hélas ! je connais un farceur !

Tout en marchant à mon côté, il ne laisse pas que de se préoccuper des passants : il feint de choir avec fracas en frôlant une femme ; il salue des personnes en voiture qu'il ne connaît pas ; ou bien, s'arrêtant soudain, il me désigne au sommet d'une maison quelque objet chimérique, — et voilà une vingtaine d'individus attroupés autour de nous. Trop heureux si, au moment de nous séparer, moment que je hâte de tous mes efforts, il ne me saisit pas en criant de toutes ses forces :

— Monsieur, vous allez me rendre la montre que vous m'avez dérobée !!

Hélas ! je connais un farceur !

En société, il ne tarit pas. — C'est un acteur perpétuellement en scène. Il ne recule devant aucune audace, pas même devant la ventriloquie, — art qui tend à disparaître. Avec une serviette autour de la tête, il s'affuble successivement en religieuse et en Mauresque. Et il parle! Il n'y en a que pour lui. Les bourgeois l'écoutent avec délices, et s'en vont répétant :

— Il n'y a pas moyen de s'ennuyer cinq minutes avec cet être-là !

Hélas! je connais un farceur!

## II

Un incident bizarre a récemment marqué mes relations avec ce farceur.

Si acharné et si habile qu'il fût à *tenir le crachoir*, il était quelquefois forcé de s'interrompre. Dans ces intervalles, il s'éclipsait modestement dans une chambre voisine ou dans un coin de jardin, partout enfin où il croyait pouvoir être seul. — Alors, il tirait furtivement d'une poche de côté un carnet sur lequel il jetait les yeux. — Ce rapide examen fait, il semblait que sa verve en reçût un nouveau stimulant, et il rentrait au salon plus brillant et plus farceur que jamais. J'avais surpris ce manége, et j'en étais fort intrigué. Le hasard seconda ma curiosité. A la suite d'un repas poussé un peu loin, un échange de paletots, prémédité de mon côté, mit en ma possession le carnet mystérieux.

C'était, ainsi que je l'avais d'ailleurs supposé, un recueil de facéties, bourdes, pointes, quolibets, jeux de mots, scènes, chapelourdes, reparties, gaillardises, classés avec une certaine méthode, adaptés à toutes les circonstances de la vie, assortis au goût de tout le monde ; — un bréviaire, ou plutôt un répertoire de joyeusetés cueillies, c'est-à-dire ramassées partout, dans les vaudevilles, dans les journaux, dans les cafés, dans les bals publics, dans les tables d'hôte, sur les talus des fortifications ; — un ensemble du plus détestable goût, qui peut quelquefois forcer le sourire, mais qui fait naturellement hausser les épaules.

Se pourrait-il que ce fût là le niveau d'un certain esprit contemporain ? Les succès de *mon ami* le farceur me le donneraient presque à supposer.

Quoi qu'il en soit, j'ai tenu à reproduire ici, au

hasard, plusieurs traits de cet esprit. J'en ai vraiment le rouge au front. Mais quelque chose me soutient dans cette exhibition de lazzi tour à tour effrontés ou piteux : c'est l'espoir de les rendre désormais impossibles.

En les livrant à la publicité, je les enlève peut-être à la circonlocution.

Connue la farce, — ruiné le farceur.

## III

### Extraits du Répertoire

*Pages 2 et suivantes.* CONTREPETTERIES ET LOCUTIONS PAR A PEU PRÈS.

D'un travail achevé, dire : — c'est le *nègre plus ultra*.

Des approches du soir : — l'heure du *crépsulcule*.

D'un individu mélancolique : — gai comme *poinçon*.

Au lieu de mercredi prochain : — *mercrechain prodi, mercrechi prodin, mercredin prochi.*

LE RÉPERTOIRE D'UN FARCEUR.

### IMAGES ORIGINALES, EXPRESSIONS BURLESQUES.

D'une femme que tout le monde admire et trouve superlativement belle. La regarder froidement, et dire en levant les yeux au ciel :

— Oui. Elle me rappelle un notaire que j'ai bien aimé !

D'un homme qui prend du ventre :

— Il bâtit sur le devant.

*Page* 5. FARCES DIVERSES POUR TOUTES LES SAISONS.

Entrer au bras d'un ami, — qu'on n'a pas prévenu, — dans un magasin quelconque, et s'exprimer, non pas dans une langue étrangère (on pourrait trouver à qui parler), mais dans une langue inventée.

Exemple :

— *Balacla tomar epsin mólinod cummus no fera pribumel van gomallet rusine.*

La marchande, ou le marchand, tend l'oreille, et murmure gracieusement :

— Je ne comprends pas.

L'ami devient écarlate.

Continuer alors, en désignant un objet :

— *Zémi réazor changuerbem souls vollis flan?*

— Combien ceci? fait la marchande, se croyant sur la trace; trente-deux francs cinquante centimes, monsieur.

— *Stoltz?*

— Trente... deux... francs! francs!... répète la marchande avec une télégraphie de tous les doigts.

— *Boum rosa! Boum rosa! Tiglitir?*

Poursuivre, sur cette donnée, jusqu'à complète apoplexie de votre ami, — ou jusqu'à la fureur soudaine de la marchande.

Effet certain.

*⁂*

Au théâtre, crier : *bravo Arnal!* lorsque c'est Mélingue qui joue.

Et, lorsque madame Thierret est en scène, se pencher vers son voisin de stalle, en disant assez haut pour être entendu.

— Cette Déjazet aura toujours vingt ans!

*\*
\* \**

*Pages 9 et suivantes.* IMITATIONS ET TOURS D'ADRESSE.

Imiter avec la voix et avec les pieds un régiment qui passe, le bruit des tambours et des commandements répétés, ainsi que la marche du père Bugeaud et l'air de la *Reine Hortense*.

*\*
\* \**

Imiter, derrière un paravent, ou simplement le dos tourné :

Le rabot;

La scie;

Un enfant indisposé;

Une bouteille qu'on débouche;

L'orage;

Les gazouillements d'une volière;

Les chants de l'étable;
L'herbe qui pousse.

*<br>* *

Imiter la fanfare du coq dans ses trois tonalités bien distinctes :

D'abord, glapissante et cassée, un vieux coq : — *Je m'en vais quand je veux!*

Puis, retentissante, un coq dans la force de l'âge : — *Je m'en vais quand je veux!!*

Enfin, grêle et claire, un tout jeune coq : — *Tu es bien heureux!!!*

*<br>* *

Représenter sur la muraille, avec les doigts (une bougie étant placée à cet effet), les ombres de deux chats qui se guettent, s'éloignent, se rapprochent, et font entendre successivement des *miaou* de tendresse et des *frou frou* d'enragés.

Excellent en partie de grisettes.

*\* \**

*Page* 12. Chansons et poésies variées.

Lâcher du Gustave Nadaud dans le demi-monde.

*Les Deux Gendarmes;*

*Les Reines de Mabille;*

*La Lorette;*

*Je souffle la bougie; m'aimez-vous?*

Aborder la Colmance dans les ateliers d'artistes et aux dîners en vareuse :

*Ça vous fend la bouche à quinze pas.*

*Quel cochon d'enfant!*

*Joli mois de mai.*

Auteurs anonymes : *Mam'zelle Lise. C'est le temps où l'on aime. Au pied du Liban,* etc., etc.

*\* \**

*Pages* 15 *et suivantes.* Narrations importantes et de longue haleine.

*Le Condamné à mort,* d'Henri Monnier;

*Le Condamné à mort*, de Vanderburch et Tisserant ;

*Le Condamné à mort*, d'Eugène Chavette.

*\*\**

*La Diligence de Lyon ;*
*La Chasse ;*
*Le Père d'Adolphe.*

*Les noces de Madame Francastor !*
*Prud'homme en bonne fortune.*

*\*\**

*Page* 20. Mystifications.

Tout le répertoire du célèbre cor Vivier. — Oh ! Vivier ! — un dieu !

Son coup de pistolet dans une cellule d'un établissement inodore est un trait de génie.

Rechercher avec soin ses moindres faits et gestes. — On vient de me raconter l'aventure du *mannequin* ; je m'empresse de la consigner dans mes tablettes.

Attardé, un soir d'hiver, chez un peintre de ses amis, qui demeurait en face d'un bureau d'omnibus, Vivier avise tout à coup, dans un coin de l'atelier, un mannequin revêtu d'une robe de femme.

— Prête-moi ce mannequin ? dit-il à l'artiste.

— Pourquoi faire ?

— Je n'en sais rien ; mais laisse-moi l'emporter.

— Volontiers, répond le peintre, habitué sans doute aux excentricités du cor.

Et Vivier s'en va bras dessus bras dessous avec le mannequin.

Il était onze heures. Le dernier omnibus était sur le point de partir. Il n'y avait personne dedans. Le cocher dormait sur son siége ; le conducteur battait la semelle sur le trottoir.

Vivier monte avec son mannequin et s'installe dans les places du fond. Grâce à la demi-obscurité, le mannequin, assis comme une personne naturelle, faisait illusion.

L'omnibus s'emplit peu à peu. On part.

— Pour deux personnes ! dit Vivier en passant douze sous au conducteur.

Dix minutes après, arrivé devant sa porte, il descend,

laissant le mannequin dans la voiture, — sans s'embarrasser de la surprise et de l'effroi que celui-ci doit y causer tôt ou tard.

*
* *

B.... aussi, le long acteur B...., fournit un joli contingent d'historiettes. Elles sont un peu vives, par exemple, et bonnes à émettre seulement à la campagne.

Rappeler entre autres, — avec des circonlocutions, — une entrevue avec un de ses directeurs. B.... sollicitait de lui une avance. Le directeur refusait; B...., insistait avec douceur; le directeur persistait avec dureté.

A la fin, lassé, mais sans rien perdre de son flegme, B.... fit un geste terrible, et lui dit :

— Vous allez m'avancer mon mois à l'instant, ou je... dans votre cabinet!

*
* *

*Pages* 22 *et suivantes.* DES PROPOS INCOHÉRENTS.

Je crois être l'inventeur de cette variété de mystification; dans tous les cas, je l'ai fait arriver à un haut degré de perfectionnement.

La meilleure façon d'en donner une idée est de rapporter à peu près la conversation que j'eus dans un grand dîner.

J'avais remarqué la physionomie débonnaire d'un de mes voisins, et j'attendais avec impatience qu'il m'adressât la parole.

Ce moment arriva.

LE VOISIN. Voilà un délicieux potage; n'est-il pas vrai, monsieur?

MOI. Assurément; il y a dans ce potage des combinaisons dont le soulèvement peut se sous-entendre sans nuire à l'austérité des fonctions illusoires.

LE VOISIN. Vous dites?

MOI. Je suis de votre avis; toutefois, vous me permettrez de croire, qu'en parlant ainsi, vous vous placez exclusivement au point de vue des subrécargues, opposition dont un arrêt devrait interdire à jamais la volatilisation.

LE VOISIN. Comment cela, monsieur?

MOI. Eh, oui! Vous laissez planer un sentiment de

suspicion, impétueux et subreptice, dû autant à la solidarité d'un principe équitable qu'au libre arbitre du plénipotentiaire que tout le monde nomme.

LE VOISIN. Quel plénipotentiaire, s'il vous plaît?

MOI. J'en appelle à ces dames et à ces messieurs. Tout est légitime, rien n'est abandonné au hasard. C'est une volute, capable d'aveugler; ne nous écartons des idées rationnelles que dans la limite inoffensive de la combativité. Triste, j'en conviens, mais nécessaire. Toute synthèse a sa base; qui le nie? Monsieur *désignant le voisin*) soutient une mauvaise cause.

LE VOISIN. Moi, monsieur!

MOI. Évidemment! Votre solution, qu'engendre-t-elle? Prétendre ériger en système les insanités d'un esprit foncièrement cubique, melliflu, solitaire, incapable d'un élan collecteur, c'est tomber droit dans le manichéisme, etc., etc.

## IV

Ne lâcher le voisin que lorsqu'on le voit suer à grosses gouttes.

Voyons, vous devez avoir assez de ces échantillons, mes chers lecteurs, restons-en là pour aujourd'hui, — et pour toujours.

J'ai rendu le paletot, — mais j'ai gardé les tablettes.

Depuis cette soustraction, il m'est arrivé de me trouver plusieurs fois avec le farceur.

Il n'est plus le même; sa verve est embarrassée, sa parole est hésitante. On sent qu'il lui manque quelque chose...

FIN.

# TABLE

|  | Pages |
|---|---|
| Préface | 1 |
| Les Femmes qui font des scènes | 3 |
| La première Bonne | 19 |
| Il y aura des femmes charmantes | 35 |
| La Grue | 45 |
| Ma femme m'ennuie | 63 |
| La Rosière | 75 |
| La Bague | 87 |
| Les Inviteurs | 105 |
| Le Photographe | 121 |
| Il sait où est le cadavre | 135 |
| La Symphonie du banquet | 149 |
| Examen de conscience d'un homme de lettres | 165 |
| Les Vétérans de Cythère | 171 |
| Pourquoi l'on aime la campagne | 185 |
| Un Réveillon | 201 |
| Les Immortels | 213 |
| Le Turc et le Grenadier | 223 |

Pages.

Mémoires d'un homme à qui il n'est jamais rien arrivé. 237
Le Dîner du Lancier................................. 247
L'Ami des Acteurs................................... 261
Une Nature en dehors................................ 271
L'OEil, la Dent et le Cheveu........................ 283
Les Réputations de cinq minutes..................... 289
Le Chicard.......................................... 295
Les Parisiens du Dimanche........................... 309
Les Vieilles bêtes.................................. 313
Le Chant de la tisane............................... 323
Je m'appelle Corbin................................. 329
Épître au roi de Prusse............................. 333
Le Répertoire d'un farceur.......................... 337

FIN DE LA TABLE

7125

www.ingramcontent.com/pod-product-compliance
Lightning Source LLC
Chambersburg PA
CBHW050731170426
43202CB00013B/2256